銀座NO.1女公關桃花必修課，四分鐘抓住喜歡的男生

# 小姐變女神

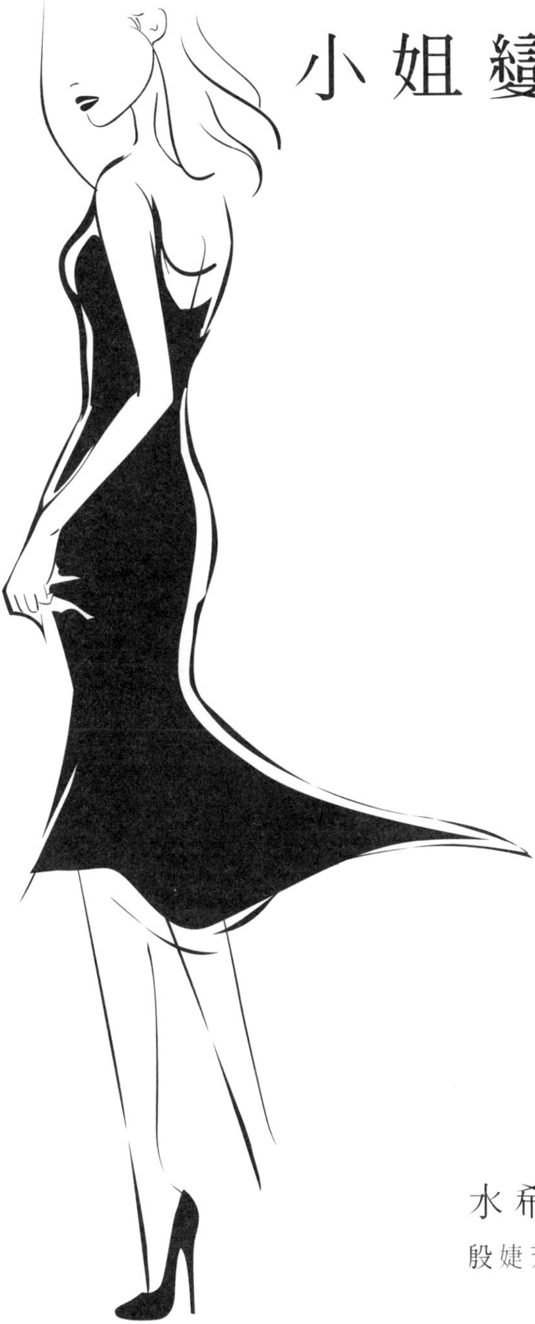

水希——著

殷婕芳——譯

# 前言　其實我以前一點異性緣都沒有

你好，很高興遇見你。謝謝你從浩瀚書海當中，拿起這本書來閱讀。

我曾經是一個普通女孩，不知道如何與男性相處、極為內向怕生、害羞膽怯、粗魯不體貼、自尊心很強、沒人愛，也沒有異性緣。

正確來說，我是刻意與人保持距離。因為我認為自己絕對不會獲得男生的接納，也不會有人愛我。

這樣的我，後來卻決心改變自己，成為銀座的人氣女公關，不但人際關係漸入佳境，戀愛也變得一帆風順。另外，目前我以專業心理諮商師的身分，協助許多男性、女性解決戀愛煩惱。

在這本書中，我要告訴「不知為何戀情總是不順遂」的小姐們，如何轉變成一般人所認定的「受歡迎女神」。方法無論誰都能做到，而且適用於已經喪失自信或者放棄的女孩們。

這些方法並不困難，所以請你放心地閱讀下去。

首先讓我來說明一下，為何我能這麼有自信地斷定「你喜歡的男生」也會愛上你呢？

由於我自己的轉變，讓我發現了一件事。那就是，在這世上，沒有人是不被愛的。

德蕾莎修女曾經講過一句話：「這個世界對愛與感恩的渴望，更甚於對於麵包的需求」，正好可以套用在這裡。

我這麼解讀德蕾莎修女所說的話——每個人都值得被愛。

但許多人不知道如何表達愛，因此錯過機會，與愛差肩而過。但是，人是群居動物，我們原本就無法在「沒有愛」的環境中活下去。

在社會心理學的領域中，對於人類與其他人建立關係的理由是這麼定義的。

我們透過「愛」來確認自己的存在。唯有從自己與他人的交流當中，體會「需要」與「被需要」的感覺，才能知道自己是誰，藉由與他人建立關係，我們才能確認自己是否真的存在於這個世界。「關係」意味著與他人親近而持久的情感維繫，無論誰都想跟別人建立關係，而在建立起關係後，就會希望自己能獲得「可以存在」這樣的認同。

我們期待從「與某個人的緊密聯繫中」獲得情感上的滿足。所以，比起點頭之交，更希望能成為朋友；比起朋友，更希望能成為戀人、家人。就像這樣，我們都在尋求一個能更親近的人，這是基於「希望對方能夠更認同自己」這個欲望的展現。只有自己的認同並無法活下去，每個人都需要別人的認同。我們無法在不與任何人來往的情況下活著。

這就是「愛」的本質。所謂的愛就是交流，是彼此無條件地認同對方的存在與價值。因為對方的認同而感到安心，因此自然也會想要認同對方。所以，我們都會想要去愛某個人。

話題雖然變得有點抽象，但是我在本書中所要傳達的理念很簡單。

「我值得愛與被愛！」

我希望你對這個理念堅信不移。

愛人與被愛都需要一點要領，而我認為只要提升以下五項技巧就好。能不能被愛，並非取決於才華或者與生俱來的能力，而是技巧的問題。這跟學習烹飪技巧、提升英文程度，或者改善駕駛技術一樣，沒有什麼不同。

因為「愛」就是溝通（交流）。

這五項技巧是「氣氛掌控能力」、「對話能力」、「理解能力」、「表達能力」，以及「情感能力」。接下來，我們就利用本書中六堂「桃花必修課」來磨練這五項技巧。

當你讀完本書，一定會堅信「自己值得愛」。

請你務必體驗看看，從愛人與被愛當中，所獲得的那種無比幸福的感覺。活在現代是很辛苦的一件事，所以從愛人與被愛當中所獲得的幸福感，更能成為我們迎向明天的能量來源。

讓我們趕快展開這堂「小姐變女神」的必修課程吧。

水希

## LESSON 1 學會愛自己　給戀情總是不順遂的你，其實你不是「沒有異性緣」

### 請你「習慣有人愛」



### 為什麼會掉入「沒有異性緣」的陷阱



### 吸引戀愛上門的「桃花必修課」

## LESSON 2 近距離氣質養成術
### 這些小技巧，讓人一眼就覺得你「很不錯」

LESSON 4

# 掌控氣氛教戰守則

## 改變氣氛，喜歡的對象就會自動靠近

## LESSON 5
## 比耍心機還重要的表達能力　草食男、肉食男都逃不出你的手掌心

# LESSON 1

## 學會愛自己

給戀情總是不順遂的你，
其實你不是「沒有異性緣」

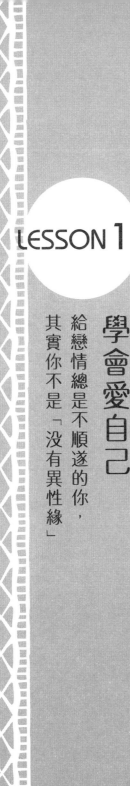

# 請你「習慣有人愛」

## 男人和女人對於「愛」的認知差距

男人擁有愛人的本能，女人則是擁有被愛的本能。

男女的需求完全互補，但卻有許多女性感嘆自己沒人愛。

其實，這些感嘆自己沒人愛的女性都忽略一件重要的事。

那就是，**男人想要「用自己的方式來愛女人」**，而**女人卻希望「以自己期望的方式被愛」**。也就是說，男女之間認知的差距，就像一條又深又寬的鴻溝。

我察覺到這件事，是在擔任日本銀座女公關、接觸過無數個男性，並且為了成為心理諮商師，而重新研習心理學之後。

受歡迎的女性，或者酒店服務業中的紅牌女公關，**都很擅長在男性「想要用自己的方式來愛人」和自己本身「期望被愛」的方式之間取得平衡。**

具體來說，她們都會坦然接受「男性自我本位的愛」。暫且先接受這樣的愛，然後才循序漸進向男性傳達自己的期望：「我希望你能這樣愛我、請你這麼做」。

## 「被愛」究竟是怎麼一回事？

比方說，在聯誼活動中，有位不起眼的男性相當努力地注意著女性的動靜。儘管杯子裡的飲料還有半杯以上，他卻問你「接下來要喝什麼？」

那麼，你會怎麼做呢？

不受歡迎的女性會回答「我還沒喝完，等一下想喝我再去點」。相反地，受歡迎的女性則會說「謝謝，那下一杯就喝烏龍茶」，接受對方的好意。

受歡迎的女性非常敏銳，她們看到對方不自在的樣子，馬上就能聯想到對方是鼓起勇氣與自己交談，並且進一步會去認同對方的努力。

溝通的本質就是愛。所謂的愛，就是「彼此無條件地認同對方的存在與價值」，也就是無條件地認同對方的好意。

溝通是有來有往的，所以在與對方互動的過程中，當然也會有愛傳送回來。其他的男性看到這樣的行為，就會解讀為「這個女性可以無條件地認同別人」，自然能夠受到歡迎。

小姐們，如果你感嘆自己沒人愛，請試著想一想，自己是否能坦率地接受別人的好意。

接下來，請讓我談談自己的故事。

我也曾有過一段沒人愛的日子。

從國中到研究所的十二年我都就讀女校。在青春期這麼重要的時期置身於沒有異性存在的環境中，所以我非常不擅長與男性相處，而且也少有機會接觸到異性，因此我完全無法理解男性這種動物。

後來我進入酒店服務業，但因為有這樣的背景，一開始相當吃力。儘管如此，我也逐漸在與男性的相處中察覺到，男人是「自尊心很強的動物」，又非常「自我中心」。我想，如果能對這兩項特質加以認同，肯定能受到男性的喜愛。於是，我的客人一下子多了起來。

為什麼呢？我認為就是因為「認同」，意思是認同男性「愛人」的方式，讓自己如同男性期望般地「被愛」。

如果認為自己「不值得愛」，男友說「下次我們去久兵衛（高級壽司店）吃壽司吧」，就無法接受這樣的好意，「不用，別去那麼高級的地方，去平價迴轉壽司店就好」，拒絕的話就會不由得脫口而出。

這麼做就跟在聯誼活動中不受歡迎的女性一樣。男友藉由「帶我去高級壽司店」來表達愛意。我如果「不認同」這樣的好意，就不可能會被對方喜歡。

若你沒有拒絕，卻隱藏起自己覺得不妥的想法，而和男友去吃飯，也會在點餐時非常客氣，這樣仍是沒有回應男友的愛意。因為男友希望你不要在意價格、只要儘量享用高級食材的心意並未被接納。

## 「被愛」同樣需要訓練

當我們接受男性的好意，如果不認為自己值得對方這麼做，就會無法接受。雖然說是單純的接受男方的愛意與付出，也就是被男方所愛，卻是相當困難的一件事。

**為了讓自己受歡迎，首先，要相信自己值得被愛，接著再接納對方所期望的愛人方式。**這兩點是必需的。

因此，我們就來進行這兩點「習慣有人愛」的訓練。

平時就要做到「向他人的好意致謝」，以及「被讚美時不謙虛」。

在餐廳裡，有人遞上菜單，就說「謝謝」；有人端來一杯水，就說「謝謝」；有人端來餐點，就說「謝謝」；有人端走餐盤，就說「謝謝招待」。像這樣，對於所有的狀況都說「謝謝」，訓練自己坦然接受他人的好意。

此外，還要把原本會冒出的「不好意思」這句話改成「謝謝」。

像是有人讓座，或者有人為你開電梯門等平常會說「不好意思」的狀況，就改說「謝謝」。這麼一來，自己的心態就會從「害你得讓給我，真抱歉」轉變成「我值得對方付出這樣的好意。也就是說，我是有人愛的」，於是自信就此萌芽。

另外，小姐們，當你被讚美時是否會毫無理由地謙虛呢？請你一定要改掉這個習慣。

日本有謙虛是美德這種說法，但若是太極端，就會導致喪失自信。

當你說出「不，這沒什麼」的時候，也是變相地在暗示自己「我這個人沒什麼了不起」。我從心理諮商師的工作當中發現，唯有缺乏自信的女性才會慣於謙虛。

受到稱讚或許讓你不安，但請試著說「謝謝，我很高興你這麼說」。接受對方的好意，就能讓你產生自信，覺得自己值得對方這麼做。

平時一點一滴累積，會在緊要關頭發揮極大的力量。若是平時就習慣被愛，等到遇見命中注定的那個人時，你就能自然地發揮魅力，贏得對方的心。見微知著，平時請你多進行「習慣被愛」的訓練。

有些女孩一開始進行「習慣被愛」的訓練，就很快地交到男朋友。這個訓練雖然簡單，卻非常有效。其他訓練暫且不提，但這項訓練請你務必要試試看。

因為，不管你是什麼樣的人，請你相信自己是一個值得被愛的女孩。

「才沒這回事」，如果你的腦海中立刻蹦出這個想法，那麼你需要訓練。

# 為什麼會掉入「沒有異性緣」的陷阱

## 沒有人註定被忽略

「像我這種人不會有人喜歡。」

「我絕對不可能受歡迎。」

你常常悲觀地自怨自艾嗎？你是從什麼時候開始有這些想法的呢？不知為何戀情總是不順遂，徹底失戀一場卻不知問題出在哪裡，你在多次挫敗後開始認為「我真是沒用，怎麼可能有人喜歡我」。漸漸地，連戀愛都放棄。

你發現了嗎？你會認為自己沒人愛，那不過是你在歷經多次的不順遂之後，告訴自己「不會有人愛我」的結果罷了。

所以你要想起「沒有人註定被忽略」這件事。

還記得我剛進入女公關的世界時，並不認為自己是個「沒人氣」、「不吃香」的女人，但是在日復一日的不順遂當中，我突然開始懷疑「我是不是很沒有魅力？也許我沒有異性緣」，而漸漸喪失自信。

因此，首先我希望你想起「沒有人註定被忽略」。然後，你要相信自己現在不過是陷入惡性循環，絕不是缺乏女性魅力，也不是沒有異性緣。

## 成見是堅固的盔甲

**讓自己變得沒有異性緣，這樣的惡性循環，是來自於我們「一定要受人喜愛」的強烈暗示。**

而這個暗示又會連結到「如果沒人愛，就是個沒有價值的人」這樣的想法。

一個成見很深的人，會認為自己「不能被討厭，不可以失敗，或者不能表現得不好」，給自己壓力而緊張不已。

另外，她們還會過度操心，而且所關注的都是自己的事，諸如：我是不是被討厭了？有沒有說什麼不該說的話？有沒有考慮周詳？有沒有做出什麼奇怪的表情？

明明是敞開心房、彼此無條件地認同對方的交流機會，卻只有自己穿著盔甲、拿著盾牌與武器，進入備戰狀態。站在男性的立場看來，這樣拚命保護自己的姿態就是一種難以接近或不可邀約的暗示，所以當然不會去約你。相反地，對你來說，你小心翼翼、拚命表現，卻不被當成一回事，只是又一次的失敗經驗。

一旦遭遇挫敗，你就開始悲觀起來，「我真是一無是處」、「就因為我長得不漂亮」、「就因為我身材不好」、「就因為我個性不好」、「搞砸一次就沒救了」、「我愛他，他卻不愛我，男人真是不可依賴」，心中充滿自責與自卑。

然後，你變得比剛開始更害怕自己「沒人愛」，因此會穿戴上更堅固的盔甲、武器，來與男性面對面。因為武裝地更徹底，對方也會感受到「這個人不能約」，所以當然又以失敗告終。

於是再度陷入自責、悲觀，以及自卑的想法中，更害怕失敗，而「沒有人愛我」或者「不可以去愛誰，也不能信任誰」等成見，則會變本加厲。

不斷重複這樣的惡性循環，就等於是在反復進行「不被愛」的自我暗示，最後因為害怕失敗而裹足不前，於是乾脆催眠自己「反正我沒有異性緣」，認為如此才不會受到傷害，可以說是自己放棄了「戀愛」。

## 受歡迎要從小地方開始

現在你已經了解，之所以會認為「像我這種人不會有人愛」、「我絕對不可能受歡迎」，是因為你一直用負面的暗示催眠自己。

那麼，我們若是向自己反復做出「我是個值得愛的女人」這類正面的暗示，又會怎麼樣呢？

當然是會開啟戀愛的幸福循環，讓你與喜歡的對象順利發展。

進入幸福循環的方法很簡單，只要告訴自己「我值得愛」就好。請將惡性循環的根源——也就是**「一定要受人喜愛」這個無用的信念捨棄**。

「每個人都有個人好惡，沒有人能討所有人歡心，即使沒辦法讓所有的人都喜歡我，只要有一半左右的人喜歡我就好。不管是什麼時候，我都有家人和朋友愛著我，知道這點就足夠。」

這麼一想，就能輕鬆地與喜歡的對象交談，打招呼時能自然微笑，坦率地接受男方的好意，也就開啟了幸福循環。

從男方眼中看來，你就像是在城堡中穿著盔甲、拿著武器的戰士，忽然搖身一變，成為在花園裡輕鬆自在、穿戴著漂亮服飾的公主，於是他會覺得「我可以找她聊天，也可以約她出去」而向你搭訕，這樣也代表你踏出成功的第一步。

雖然一開始會不習慣，甚至會害怕再次失敗，但你一定要擺脫惡性循環。

所以，請你堅定地告訴自己，「我很有魅力，我只是陷入惡性循環而已，並不是沒有異性緣」，沒有人天生註定要被忽略，請相信自己。

# 吸引戀愛上門的「桃花必修課」

## 你因為「不想受傷害」而逃避嗎？

你感到心灰意冷嗎？
你是否將自己的心上鎖，置於被高聳城牆圍繞的城堡中保護呢？
你可以只是遠遠地眺望一朵花，並讚嘆它的美麗嗎？

一旦陷入自認沒有異性緣、沒有自信的惡性循環，我們的心就會凍結，只是一點小小的撞擊都會讓它損傷。

為了保護自己這顆脆弱的心，自然就會遠離愛情。漸漸地，這顆心還會成為永凍土，呈現永遠凍結的狀態。我們要在它成為凍土而無能為力之前，將它解凍，並恢復成隨時都能展開戀情的狀態。
將這顆心解凍的方法很簡單，我會在後文中提到。唯一困難的是，自己「不想受傷害」的想法，該如何在這當中做出妥協。
不想受傷害——也就是害怕失敗，這樣的小姐無論對任何事都很消極，而且會覺得自己的人生不精彩。這樣的小姐們，不如來聽聽我的悲慘故事吧。

我以前的男友是個花心男，除了我這個正牌女友，還有五個女朋友。至於我為何算是正牌女友，是因為我們住在一起的緣故。跟這樣的人交往，每天都像是打仗一樣，心力交瘁。
比如說，洗衣服時，把手伸進他的襯衫口袋一摸，卻發現蓋有日期的賓館集點卡。有一次他說「幫我換衣服」，我去幫忙，卻發現他的襯衫反穿，一問之下，他只說「今天去做健康檢查」這個顯然是謊言的答案。還有一次，他說「幫我拿票卡夾」，我一拿就看到上面貼著他和第三者的大頭貼合照。
這些來勢洶洶的女友們，不但侵門踏戶而來，還打電話騷擾我的父母。這樣的事情不斷發生，最高潮發生在我住院的前一天。

當時我因為肝臟的問題必須住院治療，然而第五個女友卻在此時還來鬧場。忍無可忍的我下定決心分手，立刻解除同居關係。

我一邊準備住院，一邊將所有物品寄到東京都內的祖母家中。當時心想，既然被傷得這麼深，我何必繼續跟他在一起。我很喜歡他，所以真的是非常痛苦。

懷抱著種種思緒，我在無處可去的情況下住進醫院，隨即立刻接受肝臟檢查。檢查隔天，我的身體受到束縛，所以只能躺臥在病房中。檢查所造成的不適、全身動彈不得的難受、插進體內的管線所造成的疼痛、失戀的打擊……，到底能有多少痛呢，我只能躺在床上一個勁地哭個沒完。

## 情感是可以控制的

我曾經想過，「如果會碰到這些事，如果會被這樣傷害，那乾脆再也不要談戀愛」，但是連續哭了三天之後，我察覺到一件事。

「雖然我認為自己單方面地被傷害，但這一切悲慘會不會是我自找的呢？即使受到傷害，也要待在他的身邊，這麼想的人畢竟是我自己，沒有人逼我跟他在一起。」

在你心中的某個角落，是不是希望自己「永遠不被傷害」呢？

我們很容易因為「一定要讓大家都喜歡我」，這樣的想法而陷於被動。沒有被這種想法制約的人，在戀愛中採取主動，那麼她的戀愛是由「去愛」的體驗所構成。當戀情不順遂，她的想法是「會讓自己受傷害的戀情，沒必要做任何努力」；當對方對自己不忠，她的表達方式是「對他感到失望」、「沒辦法信任他」。

相反地，在戀愛中陷於被動的人，她的戀愛不是自己主動「去愛」，而是由「被愛的體驗」所構成。當戀情不順遂，她認為自己「被迫」有了「不被愛」的體驗，所以會覺得「被傷害」。因此，她會以「被對方背叛」或者「被傷害」等方式來表達。

然而並沒有人傷害你。倘若要說有，那個傷害你的人，其實就是「選擇受傷害的自己」。把失戀或不忠都看成自己「受到傷害」的證據，就算遭受背叛也要跟著他，這些都是你自己的選擇。

在這個世界上，有些女性會把「失戀」當作「我被拋棄了」；把「不忠」當作「他並不打算傷害我，只是順從男性的欲望而已，他是愛我的」。

去思考你的體驗具有什麼意義，就能擺脫自己對於失戀的恐懼。請為自己「害怕失敗」的心理找出意義。

為了讓自己的心隨時都能保持在可以戀愛的狀態，我希望你現在馬上就開始進行把心解凍的「桃花必修課」。

不需要任何理由，只要讓自己每天有時間去感受一次「漂亮、美好、悲傷、生氣、快樂、厭惡」等情緒即可。

比方說，站在花店前觀賞花卉時，心中覺得「好美啊，真是漂亮」；仰望天空時，「好漂亮的藍天」；欣賞夜景時，「看得到星星耶，真美」。注意這些生活中的細節，品嘗以前不曾注意的美好事物。

如果有人惹你生氣，你要承認自己覺得「生氣」、「討厭」，以及「傷心」，這樣就好。我們對於負面的情感都會想要立刻否認，然而負面情感也是有作用的。我們無法否認自己的感受，而否認的習慣會讓我們的心凍結。情感湧現是身為人的正常現象，**對於湧現的情感不要加以否認，只要收放自如，好好控制情感即可。**

桃花必修課是「感受」的練習。能細細感受自己的情感，那麼無需任何理由，心中的那塊冰就會融化，讓你變得能對「戀情」動心。

談戀愛原本就是用心而非用腦，所以要培養自己的心。

## 編寫一部「小姐的完美劇本」

### 擺脫成見，不再陷入惡性循環

為了更進一步擺脫戀愛的惡性循環，我們要逐一克服心理障礙。摒除這些心理障礙，你就能從小姐變身為女神，尋覓到良緣，順利進展到求婚、結婚的階段。你與對方之間的愛，將豐富你的人生。

只要伸出手來，就能得到你想要的。設定目標並採取行動，就一定能如你所願。

所以我們要趕緊擺脫「我真是一無是處」、「一定是我長得不夠漂亮」、「就因為我身材不好」，還有「難道是我個性太差」等自卑、自責、悲觀的心理障礙。

如果心中有著「自己一無是處」或者「就是因為～所以才一事無成」等成見，不只是無法採取行動，甚至還會故意讓自己失敗。這就是成見的可怕之處。

比如說，明明一開始相處都很順利，但就在即將進一步交往的時候，心中出現「等一等，像我這樣一無是處的女人，怎麼能交男朋友呢」，因為心理障礙阻撓，而錯失戀情。

你有過這些經驗嗎？在自卑感作祟之下，拒絕男方邀約，或者淨說些惹人討厭的話。不知為何總是差那麼一步，簡直就像有一部「失敗劇本」，正在操縱妳一樣。

## 勾勒心目中的理想男友

為了克服這個心理障礙，我們要編寫一部「小姐的完美劇本」，並且只能按照完美劇本來行動。若自己快要冒出劇本以外的想法或行為，就停下腳步並且重讀一次劇本。

不管你再怎麼沒有自信，或者認為自己做不到，也要按照劇本來行動。否則我們很容易被心中悲觀的想法、與失敗的劇本牽著鼻子走，所以要反復閱讀完美劇本，並確實執行。不斷重複地給自己一些好的自我暗示。

利用這麼簡單的方式，就能輕鬆擺脫惡性循環。

首先來編寫你自己的完美劇本吧！準備一本你喜歡的筆記本，然後寫下大綱與細節。登場人物是你，以及會帶給你幸福的理想男友。

現在，我要問小姐們一個問題。

「你在今晚入睡時被施了魔法，明天一早醒來，你的生活中就會多一個理想男友。那麼，明天會是什麼樣的一天呢？」

例如你想，「一早醒來就收到他的簡訊問候，於是我懷著欣喜雀躍的心情回信給他。一想到可以見到他，就心跳加速，鬧鐘還沒響就醒了。我一邊練習著如何向他展露微笑，一邊聽著喜歡的歌曲仔細地化妝。然後……。」

請你寫出一部詳細的劇本。他為你做的事，以及你對於這件事有什麼感受，又是以什麼樣的表情、什麼樣的聲音、什麼樣的詞彙來回應。請你在充分想像過後，在劇本中描述自己的穿著打扮，以及與同事、朋友、家人之間的互動。

另外，請你開始思考「如果我有男友會做些什麼？不會做什麼？」請你現在就像有男朋友一樣地放手去做。不可思議的是，只要先去做，在現實人生中就真的會被施展魔法，於是就能交到男朋友。雖然這聽起來像是天方夜譚，卻是一種心理治療的手法。

## 投入演出，一切就會愈來愈好

讓自己依照「小姐的完美劇本」進行演出，其實還有一件好事。

**那就是想法會從「我一無是處」轉變為「我做得到」。**

這麼一來，你就能夠擺脫「沒人愛的自己」、「不可以去愛誰，也不能相信誰」等束縛。在這部完美劇本中，被愛是理所當然的，所以你會不知不覺接受「有人愛」這件事。

同時你會發現，自己的視野變得更加開闊，不會因為「某個人不愛我」就覺得大受打擊，因為你變得能接受「人們有權利說我愛你，也有權利拒絕」這件事。有自信「自己值得愛」，只不過對於某些人來說，我不是他的菜，還會有別人愛我，所以沒關係。能夠接受對方的拒絕，也就沒必要指責男性不可信賴。

就像這樣，在演出這部完美劇本時，無論愛人還是被愛都變得很自然。

你發現了嗎？當你試著投入演出劇中主角，讓你放棄戀愛的最大障礙——也就是「害怕失敗」的心理，不知從何時就被拋在腦後。

讀到這裡，是不是已經勾起你的好奇心，想試著當一下完美劇本裡的女演員？「只要演戲就好？進展順利是什麼樣的感覺呢？」

因為是演戲，你可以展現你下意識隱藏的自己，嘗試不同的戀愛技巧。原本總是拒絕男方邀約、不懂打扮的你，在完美劇本中，可以變身成另外一個人。因為是演戲才會去做，做了之後卻意外發現自己其實做得到。

你是不是滿心雀躍，迫不及待地想去聯誼活動，或者聚餐中試試呢？

雖然一開始是演戲，但不知從何時起卻化為真實，可以愉快又自然地產生變化，這就是完美劇本的威力。

# LESSON 2

# 近距離氣質養成術

這些小技巧，讓人一眼就覺得你「很不錯」

# 清爽系女孩受歡迎的理由

## 美女真的比較吃香？

其實在現代社會中當個美女真的很辛苦。

男性挑選女友時，最有利的類型，是清爽樸素的女孩子。而在聯誼活動、職場、學校、打工地點，或者派對當中，最受歡迎的也通常不是最漂亮的那一個，而是排名第二或第三的女性。看在女生眼裡，會覺得她們並不夠出色。

女公關在銀座與客人談話時以酒助興，因此常會意外聽到男性的真心話。男人是自尊心很強的動物，極為害怕自己會受到傷害，所以不會向最漂亮或最可愛的女性出手，而會向成功率較高的第二或第三名的女性搭訕。

疑心病很重的我，為了確認真實性，去到某個派對現場。我環顧整個會場，很快地排好順序——這個人最漂亮、那個人排在第二……，然後緊張地觀察誰會是第一個被邀約的對象。最後果然是外表不太起眼，但是打扮起來顯得清爽又可愛的女生最先被邀約。

而狡黠的玩咖男則會反其道而行，率先向美女或者排名第一的女性搭訕。

也許你沒有異性緣的原因之一，是因為你是團體中最漂亮或最可愛的人。

美女不受歡迎，這在心理學上同樣有跡可循。

我們在某個程度上都會傾向以外表來評斷他人的個性，而這項評斷與當事者本人的個性無關。一提到美女，許多人的印象都是「驕縱」、「挑剔」，「個性不好」。這都是刻板印象。

另外，如果你對自己的外表感到自卑，在戀愛方面反而是個大好機會。對男性來說，你是正牌女友的最佳人選。

或許你對自己的容貌感到自卑，才會產生心理障礙。但這都只是因為你沉默寡言、視線總是朝下、缺乏自信，以及面無表情等態度所造成的影響。

## 「一時的玩伴」還是「真命天女」

證據是，男性對真命天女的要求是聰明賢慧。

所謂的聰明賢慧指的並不是學歷，而是涵蓋良好的家庭背景、合宜的舉止，以及優雅的氣質等條件。成為真命天女的條件與容貌無關。

心理學曾經研究，男性直到結婚為止會以哪些項目來評斷女性。結果顯示，雖然一開始外表的美麗很重要，但那只限短時間。男性會判斷女性的價值觀與自己是否一致，或是在長時間交往後，綜合性地判斷女性能否好好扮演妻子、母親、媳婦、伴侶，以及朋友等角色。

因此，**真命天女重要的不是讓人驚豔的外表，而是要具備讓人感覺到未來可能性的聰明賢慧。**

雖然清爽樸素，但舉止合宜，這樣才能讓男性選擇你為真命天女。

男性的想法其實不難懂，對於打扮地花枝招展，或試圖以濃妝掩飾的女性，男性不會將她們視為結婚的對象。

我在銀座聽到的男人真心話是：

「男人會把女人分成『一時的玩伴』和『認真交往』兩種。對於男人來說，一時的玩伴具備『美麗的外表』、『可愛』、『笨笨的』、『柔弱』等特質。而想要認真交往的女人則具備『教養』、『獨立自主』、『品格』、『溝通能力』等特質。」

漂亮的女人可以是一時的裝飾品，但要共度一生卻會因為沒有內涵而顯得乏味。漂亮又有內涵的女人當然也有很多，只是人們都傾向於以第一印象來揣測對方，因此常會被誤解，而以失敗告終。

雖然我們要努力打理好外表，但光靠著外表，並無法成為喜歡對象的真命天女。現在你總算知道美女有多吃虧。

所以，我們就先把對外表的自卑擺到一邊去。因為從男性的眼中看來，你其實已經夠完美。

接下來你該做的，是注意服裝儀容，讓自己看起來像個聰明賢慧的女人，然後讓你的意中人注意到你的存在。如果他沒注意到你、沒向你出聲招呼，什麼都沒辦法開始。

# 男性無法抗拒的「女神 style」

## 將外表打理好，內在也會跟著變美

小姐們，事不宜遲，趕快試試看打理外表，塑造出讓自己聰明賢慧又優雅的「女神 style」。

想要讓自己變得受歡迎，剛開始還是必須從外表著手。雖然是這樣，但我還是要再次強調，真正的女神不需要豔光四射，而是要從內而外散發讓人舒服的氣質。

我們要把外表打理得讓男性一看到你，就覺得你是個「聰明賢慧的女人」，讓自己變得稍微有異性緣。

東京的銀座，聚集了許多從日本各地而來的女孩，剛開始，這些女孩難免讓人覺得「這種鄉下姑娘要怎麼在銀座生存下去」，包括我自己也是這樣。儘管如此，她們卻在男性或同事等人的注目之下變得愈來愈美，與性感沾不上邊的女孩，也逐漸展現迷人的風采。甚至有人像是脫胎換骨一樣，漂亮得讓人認不出。所以不用擔心，你也一定能變漂亮。

把外表打理好不只會讓你受歡迎，也能替自己帶來良好的效果——讓自己變得有自信，能夠積極採取行動。

如果決定不了髮型，一整天都會覺得憂鬱。相反地，只要穿上一件自己喜歡的洋裝，是不是就連走路都有風呢？

當我的妝容、髮型，以及服裝都符合心理諮商師的形象時，我會覺得自己就是個專業的心理諮商師。另一方面，如果是傍晚要上班的日子，我會到美髮沙龍去弄頭髮，好讓自己變身為女公關水希。我一邊做頭髮，一邊畫上比較艷麗的妝容，讓自己看起來風姿卓約。等到髮型完成之後，心情也已轉變成女公關，而能展現性感的形象。

**打理好外表之後，內在也會跟著成長。**

打理外表可以發揮許多功能，比如化妝治療領域。如果替養老院的老年人化妝，可以改善老人的痴呆症狀，也能讓他們變得開朗。

另外，像是身體畸形性疾患（Body dysmorphic disorder，不是指身體上真正的畸形，而是病態地關注外表的心理疾病），只要利用化妝治療，好好地上個妝，就能放心出門，減輕心理障礙。

雖然簡單說是打理外表，但其實很深奧，有許多可以挖掘的部分。正因如此，我才會去考取化妝治療與色彩諮詢師的證照。

接下來，我要從專業的角度來說明，該怎麼做才能讓你很快變得有異性緣。

## 開運化妝讓你更受歡迎

首先是化妝。以成為真命天女為目標的我們，不需要頂個大濃妝。男性並不會期望他的真命天女有著「小惡魔系」的濃厚妝容。對於男性來說，裸妝式的清爽妝容就可以。

臉部可分成四種類型。

令人驚訝的是，臉上各部位的協調程度，會決定給人的大部分印象。因此，每個人都有最適合的妝容。

因為沒辦法在這裡一一詳述，所以我就來介紹無關協調程度、無論誰都適用的開運招桃花彩妝。

首先，肌膚水潤有透明感最重要。如果是二十多歲的年輕小姐，只要塗上粉紅色飾底乳即可，不需要擦粉底。這樣的做法能夠展現你原本的美。若是對肌膚沒有自信，就要挑選具有光澤感的粉底，免得讓自己頂著一層厚厚的妝。液態粉底其實比粉狀產品更有光澤感，是最佳選擇。

不需要濃妝豔抹，所以平常不太化妝的小姐，只要畫眉毛、塗睫毛膏，再簡單塗點唇蜜就夠了。

眉毛要畫成短而粗的弧型眉。短而粗的眉毛會讓你顯得活潑可愛，有弧度的眉毛則會給人溫柔的感覺。眉毛是決定臉部印象的重要部位，在進行化妝治療時，幾乎所有人都能靠著眉毛達成大變身。

另外，刷睫毛膏或許有點麻煩，但是一定要做。利用睫毛膏刷出捲翹的睫毛，就能消除眼部陰影，讓眼神變得明亮。時髦的巴黎女人絕不會省略畫眉毛和刷睫毛膏這兩個步驟，她們完全掌握改善形象的重點，真令人佩服。

喜歡化妝的人可以有策略地選擇眼影和眼線的顏色。色彩是有意義的，而且會大幅改變你給人的印象。只要用了淡粉紅色，不管誰都能立刻變成開運招桃花臉。不喜歡粉紅色的小姐，則可以改用淡紫色。粉紅色會讓你顯得可愛，紫色則是能展現優雅的形象。

黑色眼線會給人太過於強勢的感覺，所以招桃花彩妝要用深棕色。把眼線換成深棕色，能給人輕柔感，不僅可打造出深邃的眼眸，也會展現水汪汪的眼神。

接著是髮型。髮型有所謂的黃金比例，可以讓任何人都變成美女。這是髮型設計師告訴我的。如果臉部長度與下巴以下的頭髮長度是1比1.5，就是黃金比例。維持這樣的比例，無論誰都會是最漂亮的均衡狀態。

## 選對服裝讓你成為真命天女

接下來要談的是服裝。

若是以成為真命天女為目標，選擇保守的服飾就不會出錯。男性喜歡的是容易理解的時尚。

顏色要避免單調，舉例來說，從事酒店服務業不能穿著黑色服飾，這有兩個理由。

第一個理由，既然男性已經穿著沒有色彩的西裝，如果連女公關都是一身黑，豈不就像是葬禮一樣。

另一個理由，黑色不是戀愛的顏色。

戀愛是有顏色的，而戀愛的顏色是粉紅色，所以我們要把粉紅色穿在身上。

另外，沒必要一件又一件地換穿衣服。可選擇幾件有質感又清爽的服裝並巧妙穿搭，就足以讓你看起來很有品味。有時會看到有些人彷彿是時裝秀般地頻繁更換服裝，這樣的做法可是大大扣分。

你以為衣服少就會被認為寒酸嗎？看來你對戀愛仍有著不切實際的幻想。男性並沒有那麼膚淺。

男性在挑選女友時，會考慮到長久交往以後的事。彷彿時裝秀般地頻繁更換服裝，會被認為缺乏金錢概念，不能持家，也就不能結婚，最後得出你不是真命天女的結論。

這是我從客人那裡聽到的逆耳忠言。

「就算跟女公關談戀愛，也幾乎沒人會想跟女公關結婚。因為她們不會管控金錢，所以也就不能持家。」

請別忘記，對於男性來說，女性的金錢概念，是決定能不能跟她結婚的重要判斷依據。

站在這個角度來看，「聰明賢慧的女人」這樣的第一印象是絕對必需的。

# 別相信「受歡迎的女性」給你的建議

## 直接向男性請教

所謂知己知彼，百戰不殆。我們現在所學的技巧雖然不是為了作戰，但為了擄獲他的心，我們要理解與男性有關的事。此時常犯的錯誤，是開口向受歡迎的女性請教秘訣。

就算身為女公關，也有些人完全不懂得男人心，更別說是一般人。大部分的女性對於男性的事都有所誤解。聽從女性朋友的建議，反而會讓你離喜歡的對象愈來愈遠，這是不爭的事實。

理所當然，**與男性相關的資訊，還是要請教男性才對**。小姐們千萬記住這

**一點，別在不必要的地方繞遠路。**

你有沒有過這種經驗？一群男人自以為很懂地談論女性，你一聽之下卻覺得「他們根本就不懂」。如果我們向習慣與異性往來的女性友人詢問意見，恐怕會是相同狀況。

我在本書中提到的所有事項，都是來自於女公關這個工作的顧客意見，以及男友和男性友人等私人情誼所給的建言。這些與男性相關的資訊，可說全部都是男性的肺腑之言。

我剛進入酒店服務業的時候，交了一個男朋友，對方是一個可靠的哥哥型男友。為了讓我無論在什麼情況下都能上得了檯面，他一件一件地教我男性的想法、男性的期望，以及男性的喜好等等。

我從國中到研究所這十二年期間都就讀女校，對於男人這種動物非常不了解，我之所以能夠一直待在酒店服務業，而在私底下也很受異性歡迎，都是拜男友與其他男性所賜。

## 穿內搭褲不如秀出腿部

比方說，你知道在男性之間是如何稱呼時下流行的內搭褲嗎？他們把這稱為「歐巴桑褲」，毫無性感可言。男性較喜愛穿著短褲的女性，就算是胖胖腿也無所謂。

至於塗上現在流行的自然色唇彩的女性，男性們又怎麼說呢？「臉色不好，似乎不怎麼幸福」。

你知道嗎？比起模特兒般纖細的女性，大部分的男性會喜歡稍微有點肉肉的女生。

大家都說，犧牲奉獻的女人會受歡迎，但實際上卻是被討厭的。男性對於女性犧牲奉獻的行為背後所隱藏的意圖非常厭惡。

即使是草食系男子這類缺乏男子氣概的男性，也絕對不能傷害他們的自尊心。男性的自尊比聖母峰還高。但女性卻常把男子氣概與自尊心混淆，事實上根本是兩碼子事。

在我還是新人的時候，客人常會這麼跟我說。

「不要相信女人的建議，要記住受到男人讚美的服裝、髮型、妝容，以及對話。因為那正是在男人心中充滿魅力的女性形象。」

銀座的客人看過許多女性，所以眼光獨到。雖然每個人都有自己的偏好，但是一定會有人人都讚「好」的時候，而那正是讓你看起來最為閃閃動人的狀態。

一開始，我都是照著女公關前輩們的指導去做，但是我漸漸發現，男性和女性的看法有著很大的差距，於是我決定依照客人們一致的意見來與男性應對，想實驗看看「男性喜歡的樣貌」與「女性認為男性喜歡樣貌」哪一個的效果更好。

結果「男性喜歡的樣貌」獲得壓倒性的勝利。

道理很簡單，男人的想法還是要問男人才對。如果你是問女性，再怎麼樣都是女人的看法，所以並不正確。

以我來說，我是依照男性的意見，強調自己兼具東方美與異國風情的特色，似乎就能在男性面前展現最大的魅力。其實我自己並不喜歡這樣的造型，但是指定要我坐檯的客人卻增加許多，實在很有趣。

另外，女公關前輩建議我內在要扮演溫柔而怯弱的角色，然而男性卻認為我原本的「爽快」個性才會受歡迎。由於兼具東方美與異國風情的外表已經讓人印象深刻，再搭配上作風乾脆的「爽快」個性，能給人加分的印象。

這樣的忠告絕對不可能來自於同性友人。

一方面是因為女人一定不樂於見到女性朋友或同事比自己更上一層樓，所以不說真話。

雖然令人惋惜，但首先還是要請你改掉什麼都問姐妹淘的習慣，多交一些男性朋友。接著就是要參考男性友人或毒舌派的叔伯輩所給的建議。

比方說，你是否曾為了讓自己看起來像個幹練的好女人而選擇黑色套裝，卻被公司內的男同事取笑「今天要參加葬禮嗎」或者「是教學參觀日嗎」？是否曾經畫了現在流行的淡妝卻被說「你臉色很差，身體不舒服嗎」？在女性友人之間大受好評的髮型，是否曾被男性朋友說不好看？從這些小地方都能看出男人怎麼想。

以黑色套裝的例子來說，第一，你可能不適合穿黑色，第二，男性不喜歡一身黑。

像這樣關注男性的意見並逐一學習，你很快就會搖身一變，成為無論男性或女性都會稱讚的女神。

想要展現自己的真正魅力，就要借助男性的力量。

# 「女性」並不等同於「女人」

## 你有「女人味」嗎？

問你一個問題。你覺得，男性會想跟誰談戀愛呢？

戀愛是一種很特別的關係，並不存在於你和朋友、父母、兄弟姊妹，或熟人之間。

彼此相互理解，有時互相磨合，或者享受魚水之歡，這才是戀愛。在某個意義上是很貪心地、拚命地，而且「無條件地認同對方的存在與價值」。

除卻天生性向不同的人，大多數「男性」會想與「女性」談戀愛。也就是說，男人所找尋的戀愛對象是女人。

然而，感嘆自己「沒有異性緣、交不到男朋友」的小姐中，有九成是對「女人」抱持著否定的態度。她們會強調自己不想受異性歡迎，不然就是口中說著男人討厭虛浮的女人而什麼都不做，或者過度強調超越性別的友情等等。

她們無法讓男性一眼就察覺到「啊，她是個『女人』」。

她們當然知道自己的性別是女性，然而從男性的眼中看來，即使知道性別是女性，卻不認為她們是可作為戀愛對象的「女人」。

這話聽來有些刺耳，不過女變性人反而較容易讓人理解何謂「女人」。而男性也說出真心話：「她們原本是男性，所以很能理解男人心。再加上她們比女人還要像女人，在某個意義上算是理想型。」

遺憾的是，感嘆著自己「沒有異性緣」的你，比起那些拚命想讓自己受異性歡迎的女性、耍小聰明的小惡魔系女子，以及努力想成為女人的變性人，你完全沒在「女人」這個層面上展現魅力。

想要依靠「性別為女」嘗到甜頭，只有在萬綠叢中一點紅的情況才有可能。請記住這一點。

接著再來談談我們為何會對「女人」抱持否定的態度。我從心理諮商或聆聽友人煩惱的過程中發現，大家都有相同的體驗。

那就是小時候都曾聽父母說過「如果你是男孩就好」，甚至直接對本人說「如果你是男孩的話」。或是家中雖有男孩，但總會被教導「你是女生，所以要~，但不用~」。

另外，也有因為父親外遇而父母離婚，或是父母感情不好等狀況。有過這些體驗，就會下意識地對「女人」抱持著否定的態度。

其實我也是這樣。在成長的過程中總會被提醒「因為你是女生」，而且會被拿來跟弟弟作比較。再加上我一直就讀女校，所以認為當「女人」很糟糕，而個性也完全變成「男人婆」。

還好祖父母和雙親都教我要打扮得「像個女孩子」。我很高興能夠像洋娃娃般穿著可愛的服飾，所以在成長過程中並未心存抗拒。

也就是說，過去的我擁有「女人」外表，但個性上卻對「女人」抱持否定的態度，比起全盤否定自己的人，我還算有得救。

或許你也是因為成長過程有某些不愉快，而開始討厭當「女人」。不過請你記得，你已經是個能夠決定自己人生的成年人。你已經成長為一個大人，只要伸出手，就一定能獲得自己想要的。

所以就讓我們對自己心中的「女人」一點一點加以認同，並且將女人味表現出來。

在你的內心深處並不是沒有「女人」存在，也不是缺乏「女性」魅力，只是表現方式不對而已。

## 單件飾品助你達成變身效果！

為了讓自己能夠認同並表現出來，我們要讓自己習慣當個「女人」。在習慣「有人愛」、習慣「男性」之後，接著就是要習慣自己身體中的那個「女人」，也就是女性荷爾蒙大作戰！

心理的抗拒感或許很強烈，但要做的事卻很簡單。

**只要在自己目前的形象中添加一項「女性」飾品即可。**

一開始可以從小飾品著手，選擇有蕾絲的粉紅色手帕，或者心形、花朵裝飾等男性絕不會配帶的飾品。

習慣之後，接下來是將服裝的一部分更換為粉彩色系。最能刺激女性荷爾蒙的是粉紅色系，但若是無法接受，就先從粉彩色系來挑戰看看。等到可以接受這樣的顏色，接著就是要試試單件式洋裝或裙子。

如果你覺得從服裝著手的難度太高，不妨從看不到的內衣部分開始。穿上粉紅色或白色、有著浪漫蕾絲的漂亮內衣，你的女人指數就會攀升。

看到自己持有「女性」飾品，就不會再否定自己身體中的那個「女人」。再說你原本就是個女人，因此持續一段時間後，就會變得有樂趣。一直以來，被你塵封在內心深處的「女人味」也會漸漸復甦。從外表可以療癒心靈所受的傷。

沒錯，你可以是個「女人」。解放自己，你是自由的。

## 一見鍾情必勝攻略

### 你只有四分鐘可以打動他

人們在見面後三秒鐘，就知道自己是否喜歡對方。

心理學的說法是，人們在見面後三秒鐘，就會判斷自己是否喜歡對方，接著會收集資訊以證明此項判斷是否正確，一切都在四分鐘內完成決定。

酒店服務業的世界建構得相當合理，或許就是利用了這項心理學的理論。

我在酒店服務業這個領域的首次經驗，是在新宿酒店裡的單日來店體驗活動。那裡規定待在客人座位的時間限制是五分鐘，五分鐘一到，服務生就會叫你到其他客人的座位去。但若是客人中意女公關的服務，就可以指定女公關繼續坐在原來的位置上。

酒店善用第一印象法則，讓店家與客人雙方都能有效率地運作。

我是當時才知道這件事，發現自己在五分鐘內什麼也做不了，所以是很淒慘的初次體驗。

三秒鐘就知道「喜歡或不喜歡」，並在四分鐘內作出決定。我們在這麼短的時間內能做什麼呢？我想你已經知道，我們只能利用外表的力量而已，因為沒時間展示自己的內在魅力。

如果沒辦法讓對方抱持良好的印象，就沒機會讓對方看見自己的內在。這不僅侷限於女公關的世界，你在平時的人際交往中也能體會到這一點。

**想要擄獲他的心，就要在一開始的四分鐘之內，全力一搏。**

因此，我才會先談到如何打理自己的外表。我們要仔細地將自己打造成聰明賢慧的「女神 style」。

最近有好幾位男性友人都跟我說找不到好女人。他們說：「漂亮的女人多的是，但卻找不到一個有內涵的」。

聰明賢慧的「女神 style」，這樣的第一印象非常重要。然後我們再利用「女性飾品」，讓男方對自己留下「很有女人味」的印象。唯有強調「自己是個女人」，才有可能被男方列入「女友候選人」的名單。

關於外表該如何打理，你只要把至今提過的內容，一件一件地學起來就足夠。不過，為了在四分鐘內脫穎而出，我們還要再多學一點改善印象的技巧。

為了受異性歡迎，許多女性會試著擠出事業線、裸露肌膚、服用健康食品、減肥，或是仰賴服裝、內衣、鞋子等物品，急著想要看到成果。不過這樣還不夠。

臨時抱佛腳無法蒙混過關。男人可沒這麼簡單，想用這種方式偷吃步，就是小看男人。男性能看穿女性心裡的想法，並決定是要跟她玩玩就好，還是根本就不把她當作對象。

## 傾倒眾生的第一印象來自於？

能讓男性感受女性美好的，與其說是妝容，不如說是笑容；與其說是事業線，不如說是優雅的姿勢；與其說是鞋子，不如說是優美的步態；與其說是可愛，不如說是有氣質的說話方式。

因此，想要在見面後四分鐘內讓他對你一見鍾情，就要在「笑容」、「姿勢」、「步態」，以及「有氣質的說話方式」這四個項目下苦功。

展現笑容是與人相處最重要的部分。

讓臉上永遠展現迷人微笑的捷徑，是平時就要經常讓嘴角保持在上揚1公厘的狀態。

永遠要在自己察覺到的時候，主動將嘴角微微上揚。持續這麼做，直到臉部記住為止。無論你是面對著電腦螢幕、正在看書或者上課，只要是不至於失禮的場合，都要一直保持著嘴角上揚的狀態。

人們常說一天要做一次微笑訓練，不過很遺憾，這在見面後三秒鐘這麼短暫的時間內，並無法發揮功效。

我們要永遠保持笑容，好讓臉部記住這個表情。這麼一來，也許有哪個人遠遠地看到你就會跟你告白。

接著是姿勢。現代人的姿勢都特別不好，頸部前伸，背部拱起，看起來就像個老太婆，給人一種散漫的印象。這樣的話，再怎麼利用化妝或飾品來補救都無濟於事。

首先請向後轉動你的肩膀，讓肩膀放鬆、自然下垂。接著，保持著肩部放鬆的感覺，將腰背挺直，肚臍下方的丹田用力，這樣就能毫不勉強地呈現出優雅的姿勢。不過要注意，挺直腰背的同時要收下巴。

打造出優雅的姿勢後，接下來是優美的步態。將腳掌內側朝前跨出步伐，就像是走在一條直線上。不是用腳尖踩在一條直線上，而是以足弓沿線前進般的感覺。

可在家中看著鏡子練習如何踩地，以改善姿勢與步態。我正在學探戈，探戈的練習一開始是從跨步開始。如果有時間，我會在家中播放探戈樂曲，並穿上高跟鞋練習如何走得優雅。

學習芭蕾或其他舞蹈，能讓我們的姿態更加優雅，這個方式很不錯。

最後一項是優雅的說話方式。在這方面，只要不使用所謂的網路用語就好，當然，太粗魯的男性用語也要避免。

在第一次見面後的四分鐘內，微笑著與對方打招呼，並用一句話來拉開自己與其他女性的差距。比方說：「你好，很高興今天能見到你」、「你好，我很期待今天跟你碰面」，以及「你好，謝謝你今天抽空來見我」等等，多說一句會讓對方感覺愉快的話。

這樣的話，一開始的四分鐘就完美無缺。把握一開始的關鍵四分鐘，接下來就輕鬆許多，請務必好好練習。

最後再提供一個小建議。你可以到餐廳或咖啡店去確認，自己是不是真的已經學會這項「四分鐘一見鍾情」的技巧。

如果你能讓店員細心地招呼你，並且親切地與你對話；如果你能在咖啡店或餐廳被帶到一個好位置，並接受許多服務，那麼你的這項技巧就可以正式上場。

人生唯有樂在其中，才能走出一條康莊大道。愉快的心情更有機會為你帶來桃花，請保持心情愉快，試試看我的桃花必修課。

# LESSON 3

# 她爲何那麼有異性緣？

## 男人心迴紋針，看似迂迴其實好懂

# 滿足男性的三大需求

## 「墜入愛河」其實很簡單

「沒想到戀愛是這麼簡單的一件事！」

這是前來接受心理諮商的個案最後一定會說的話。

社會的一套標準、自己的一套標準、戀人的一套標準、自己的情感、戀人的情感，以及周遭環境……在現實人生當中，你和戀人所建構起的戀愛關係並不僅侷限於兩人之間。漸漸地，我們只會注意到眼前複雜的人際往來，視野變得狹隘，於是開始無所適從。

更進一步導致混亂的，是存在於這世界上的許多戀愛資訊。旁人所提供的眾多戀愛技巧，只會讓狀況更加複雜。這些技巧原本相當有用，但如果沒有用在正確的時機或對象，就無法發揮功效。

若是陷入「見樹不見林」的狀況，就會覺得戀愛真難、不知道怎麼談戀愛、交不到男友、不了解男人心、沒有異性緣，心情就愈來愈鬱悶。不過，我們只要多了解一點男人這種動物的本質，就能擺脫這個惡性循環。

因此，我首先想讓你學的是，把觀點放大或縮小的技巧。

當我為自己的業績不佳而煩惱時，店長的一句話點醒我。而那句話剛好也適用在所有小姐身上。

「以一個人、一個女人、一個女公關的立場來說，該怎麼做才對呢？依照這樣的順序思考一下吧。」

把這句話套用到戀愛方面。因為交不到男友而苦惱不已的小姐，大多是這麼想的。

「阿勝喜歡什麼樣的女生呢？男生還是會喜歡犧牲奉獻型的吧？那我要不要也為他做點什麼呢？但如果做得太多，人家又會嫌煩。啊～我真是搞不懂男人。為什麼我談戀愛都這麼不順利？」

相反地，假設是我處於同樣的立場，如果我想讓阿勝愛上我，我會這麼想。

「人們在人際關係中尋求的始終是認同。我該用什麼樣的行動或言語，讓阿勝知道我對他的認同呢？還有，在人們對人際關係的基本需求當中，對男人來說特別重要的有三項……我該怎麼做才能滿足阿勝的這三項需求呢？這樣他就會注意到我。」

不擅長戀愛的女性，會在「阿勝」、「男人」、「自己」之間反反復復鬼打牆。相較之下，你是否有看出我是在「人」、「男人」、「阿勝」、「自己」這四者之間將觀點放大或縮小呢？

戀愛並沒有什麼特別，不過是在與人的交流當中加上親密行為而已。它的基礎仍舊是「人與人之間」的交流。

無論任何事情都必須先有基礎，然後才能加以應用。

戀愛的基礎是「人與人之間」的交流，接著是「男人與女人之間」的交流，最後才是「你和他之間」的交流。

善於談戀愛的人，其實是能依照這樣的順序建立關係。這是很單純的一件事。

①人
②男女
③個人

也就是說，「人」的交流是基礎，若是尚未將基礎打好，就突然要從與「他」的交流來著手，那麼失敗是理所當然。以蓋房子來比喻，就像是沒有打地基，直接從二樓開始蓋房子，你們之間所建立的關係，就如同蓋在沙土的房子一般，其實很不穩固。

我在前言中提過，我們無法在未受到任何人認同的情況下活下去。所以首**先重要的，是對他這個人加以認同**。請記住，這是基礎。

## 先滿足「人」的需求，就能滿足「他」的需求

接著，要去滿足男性的需求。在我們對人際關係的基本需求當中，要去滿足的是男性特別希望能獲得滿足的需求，也就是以下三大項。

**①優秀而全能的自己（承認）**

**②能向對方發揮影響力的自己（優越）**

**③能幫助並培育對方的自己（養育）**

男性會希望你能完全滿足他的全能感、影響力，以及培育能力這三大項需

求。也就是說，他們會希望你認同他們能做到這三大項。

為什麼男性的這三大項基本需求這麼重要呢？

那是因為在剛認識時，你通常無法立刻就掌握男方的好惡等個人資訊，所以，當你想從滿足他的個人需求來著手，當然會遭遇挫敗，或者變得無所適從。

因此，你可以換一個角度切入，超越對方個人的層級，而從滿足「人」的基本需求或「男性」的基本需求來著手，如此一來，就能順利進行基礎交流，並與他一同邁入下個階段。

關於滿足三大需求的具體方法，我會依照順序來講解。首先要知道「人」、「男人」、「個人」這三個觀點。請記住，我們要先打好基礎，再逐步累積。

# 與其找尋理由，不如思考「該怎麼做」

## 對自己交不到男朋友的理由不用想太多

了解男性的三項需求之後，是不是戀愛就能一切順利了呢？很遺憾，這樣還不夠。

我們還得面對「知道，卻做不到」這個陷阱。為了擺脫陷阱，我要再來談談另一項轉換念頭的技巧。

為了因應不同狀況、改變觀點並滿足男性的三項需求，我們得學會自問「該怎麼做才能讓一切順利」。

「知道，卻做不到」的小姐，是不是已經開始在想：

「我不知道該怎麼做，我連自己哪裡不好都不知道，哪有辦法馬上就採取行動。我一直都沒有異性緣，應該不只是因為不知道這些觀點和三大需求，而是有其他原因，所以才會不順利。我得找出自己不受異性歡迎的其他原因才行。」

找出原因就能解決問題。被這樣的想法所束縛的你，無論過多久都不會有進展。

現實人生並沒有這麼簡單，事情不會只由一個原因導致。不像推理小說那樣，只要找出犯人，就能迎向大結局。

雖說如此，但是在心理諮商時，我們也會針對原因進行討論。但是，找出原因之後，個案便會這麼問。

「原因我知道了，但是該怎麼做才能交到男朋友呢？」

不可思議的是，個案雖然想找出原因，卻認為原因和解決方法是兩碼子事。

比方說，在談到「否定女人」的話題時，大家終究會選擇「女人」的具體表現方式。很少有人會追溯到孩提時期，逐項彙整出自己無法表現得像個「女人」的原因，並採取心理治療的方式，在想法上作出妥協，以解放自己體內的「女人」。

## 讓他知道「跟我交往有很多好處！」

執著於找出原因的人是這麼想的。

要是沒有一個可以接受的理由，就無法認同一直都沒有異性緣的自己。這並不是為了迎向美好的未來，而完全是為了過去。

然而，這麼做就等於是先後退一步再前進，相當花時間。不妨先將注意力放在如何努力前進，如果前進之後仍然很在意，此時再去思考至今失敗的原因也不嫌遲。你不這麼認為嗎？

不被以往的不順遂束縛，永遠在找尋達成目標的方法，總是思考「如何才能進展順利」，這麼做你就能快速前進，並且逐漸成長為受歡迎的女性。

那麼，請你試著問問自己。

「我要怎麼做才會變得有人愛呢？」

男性會愛上什麼樣的人呢？答案是能為自己帶來好處的人。如果沒有好處，男性就不會談戀愛。

男人是社會性的動物，若是覺得戀愛對自己在社會的自我實現有幫助，他們就會談戀愛。

如果不小心說出「我和工作哪個重要？」這類幼稚的問題，只會讓對方覺得不耐煩。雖然我以前也是這樣。

以男性的立場來說，當然是「工作」重要。如果對方是個溫柔的人，大概會回答「工作和戀愛沒辦法相提並論，兩者都很重要」。然而，女性是為了情感的滿足才談戀愛，所以無法接受這樣的答案。

我在 LESSON 1中提過，受歡迎的女性會先對男性加以認同，再讓對方知道自己的想法。

該如何讓男性愛上自己？真正的答案是，要讓對方知道「和我交往有好處」。我們要用容易理解的方式向男方表達。

當你在選擇餐廳時，通常不會只看招牌就決定，為了知道能吃到什麼餐點，你會查看菜單、確認價錢，並稍微看一下店裡的氣氛。如果餐廳的外觀除了招牌什麼都看不到，這樣的店肯定會讓你有所猶豫。

而戀愛也是一樣。你要讓男方知道「跟我談戀愛就有這些好處」。

「我為什麼就是不行呢？」當戀愛出現問題，悲觀的想法一定會對戀愛造成不好的影響。所以，**你要將想法轉換為「我該怎麼做、怎麼想，才能順利呢？」這在交往之後也能派上用場**。

與其執著於找尋失敗原因，倒不如專注在如何解決問題。這麼一來，一切都會順利進展。這也適用於其他的人生事項。

不只是戀愛，就連你的整個人生也會開始進入良性循環，於是你自然就能成為一個有魅力的女性。

也許你只要轉換想法，就能交到男朋友。

那麼從下一頁開始，我就來詳細說明這些「好處」。

# 女神的十大條件

## 會讓男性「希望能陪在自己身邊」的女性

無論你的想法是否已經改變，為了成為受男性喜愛的女性，我們至少要讓男性看到你的「好處」。

雖說如此，但只要你無法擺脫「否定自己」的想法，總是想去找尋失敗的原因，那麼「讓對方看到你的好處」就會變成一件很困難的事。

你的腦海中是否有著「否定自己」的想法？認為「自己不行」、「沒有什麼可以讓對方看到的好處」？

若你總是不自覺負面思考，此時有一個方法可以幫你走出困境，那就是暫且不要跟自己的腦袋或心靈直接面對面，而要以行動讓腦袋和心靈取得平衡。

打理好外表之後，內在也會跟著成長。請善用自己的心理機制。

**對男性來說，能夠感受到戀愛好處的最大重點是在於「能夠成長、進步」**。男性是社會性的動物，所以在戀愛上也要尋求成長與進步。要是因為談戀愛使得工作一帆風順，就會更離不開對方。

「每個成功男人的背後都有一個女人」這句話果然正確，在成功男人的背後，一定有一位女性能夠帶給他成功的好處。

因此，我就來教你如何滿足男性的三大需求，並向男性傳達戀愛的好處。

**【女神的十大條件】**

① 有女人味

② 聰明賢慧、有品格、有教養，包含遣詞用字、姿勢儀態、小飾品（卡通人物造型的飾品NG）

③ 笑臉迎人

④ 坦率（能夠馬上說出「對不起」、「謝謝」、等話）

⑤ 理智、能夠控制情感

⑥ 處事嚴謹（財務、時間、外表，以及金錢借貸等方面的管理）

⑦ 具備可愛之處（會在言談中表現對男方的敬意，像是「哇～你果然跟別人不一樣」、「好厲害」）

⑧ 有自己的世界與夢想

⑨ 有幾位女性友人

⑩ 與眾不同的感覺

LESSON 2有提到「如何讓對方看到你的好處以改善第一印象」。其實這就是這邊所說①～③的部分，除了改善第一印象之外，持續讓對方看到你的好處也是重點之一。

關於④「坦率」的部分，會在下一章節中詳細說明（第96頁）。概略說來，坦率的態度是最能滿足男性的全能感、影響力，以及培育能力這三大需求的方式。

至於⑤「理智、能夠控制情感」，這我在LESSON 1中有提過。

男性不是因為「情感」而戀愛。如果你能控制自己的情感，就會更容易接受男性的愛人方式。而且，因為你不會流於情緒化，會讓他覺得你們兩人很相似，也能感受到你對他的認同，並且讓他覺得安心。

所謂的「理智」，指的是前一章節中的「該怎麼做才能讓一切順利」的技巧。在對話中使用許多肯定句，不但能讓男性感覺愉快，還會讓他感受到成長、進步，並發現戀愛的好處。

證據是我常從客人口中聽到的話。

「有些女孩雖然長得可愛，卻很不積極。這樣的人業績大概都不好，會這麼說是有理由的。男性看到他覺得不錯的女孩，會希望她能當上紅牌女公關而給她建議，像是妳還可以再性感一點等等。聽到這樣的話，不積極的人就會替自己找藉口推拖，說『我做不到，因為~』。不過，會讓男人想一直支持下去的女孩則是會說『這樣啊，只要再性感一點就可以了嗎。該怎麼做才會讓男人覺得性感呢？』她們會很積極地想辦法。」

即使覺得自己做不到，在男性面前也要把「那要怎麼樣才做得到呢？比方說該怎麼做呢？」等話掛在嘴上。只是把話說出口，你的態度與想法也會逐漸變得積極，而能獲得男方的好評，可說是一舉兩得。

此外，⑥「處事嚴謹」的部分前面也有提過。若是處事嚴謹，擁有好的金錢觀念，就有可能被視為真命天女，你們能夠幸福地步入紅毯。

當然，處事嚴謹不只體現在金錢觀上，與理智、聰明賢慧同樣有很大關聯，所以相當重要。

比如說，跟人約好碰面要在五分鐘前抵達；借了東西就要馬上歸還；把自己的外表打理好；改進自己的用餐方式以符合餐桌禮儀；寫一手好字；遣詞用字合宜。總體來說就是「無論在什麼情況都上得了檯面」的言行舉止。

我會在後文中詳細說明⑦「具備可愛之處」與⑩「與眾不同的感覺」這兩部分，在此先行略過。

## 給男性自由的感覺很重要

接著是⑧「有自己的世界與夢想」和⑨「有幾位女性友人」。這兩個項目並不只是為了滿足男性的三大需求，同樣是為了自己，除此之外，還能夠滿足男性在戀愛中所尋求的另一個重要事項，那就是「自由」。

**男性在戀愛中需要很大的自由空間，男性不會跟不能給予「自由」的對象談戀愛。**

這不是因為想偷吃，也不是因為還想玩，而是因為如果沒有在社會上達成自我實現或者獨自思考的時間，男性就沒辦法活下去。

能夠玩弄男人的小惡魔系女生，或者是會讓男人想追的女生，都會給予男性自由，因此會受到男性的喜愛。

所以無論是施展小惡魔技巧，或是用欲迎還拒的態度，讓男方展開追求，如果你沒有掌握「自由」這個關鍵詞，就無法順利進展。

或許你一直認為「什麼小惡魔、什麼欲拒還迎，我就是做不到」，現在是不是看見了一線曙光呢？沒錯，你只要讓他感覺到「自由」就好。具體的做法就是「有自己的世界」、「有夢想」，以及「重視與女性朋友相處的時間」。

以下是「交不到男朋友」、「就算交到男朋友也會很快就分手」、「已經五年沒有男朋友」等類型的女性在心理諮商時常見的對話。

水希　「你過著什麼樣的生活呢？」

個案　「除了上下班之外，就是和朋友聚餐或喝茶……」

水希　「假日都做些什麼呢？有沒有什麼興趣或熱中於某事呢？」

個案①　「嗯，沒什麼特別的。假日都沒做什麼就過了。如果有男朋友，就會和他一起過。」

個案②　「都是和女性朋友在一起吧，這樣也蠻快樂的。」

個案③　「我現在對芳香療法很有興趣，去上這類的課程是我現在的目標。」

水希　「對於將來的規劃是？」

個案　「嗯，我想只要把自己嫁掉就好。」

正在閱讀本書的你，大概也會覺得「這麼沒有魅力，當然交不到男朋友」。

我並不是說熱中於上課不好，以結婚為最終目標的想法不好，或者和姊妹淘混在一起不好。

若是嚮往幸福的婚姻，應該會有很多需要準備的事。為了成為賢妻良母，我們可以去學習如何溝通。另外像是學做菜、學習營養方面的知識、研究如何打掃環境、如何洗衣服、如何燙衣服等等，可以做的事有無限多種。這些都可以說是自己的世界或夢想。

若是以花朵來比喻，不受男性喜愛的女性就像是只有一片花瓣的花，即使開花也沒人會發現那是一朵花，缺少了一朵花所應具有的魅力。一朵有魅力而漂亮的花，有許多花瓣，像是玫瑰、牡丹、芍藥、向日葵等。百合的花瓣數量雖然稀少，但每一片花瓣都很大，能讓整體顯得華麗。

家庭、工作、朋友、興趣、學習、夢想、戀愛……請你想像自己是一個有著許多花瓣的女性。

有許多花瓣的你，從男性的眼中看來就會充滿魅力。若你興趣廣泛，有自己的生活，男方會認為你獨立不黏人，不會只是纏著他，而能感覺到「自由」。這樣一來，「想要專心工作時，就能專注於工作」，而當「想要一個人獨處時，對方也能理解」。

此外，魅力四射的你會讓男方覺得「如果不抓緊她，可能會被別人搶走」，所以他「愛你」的程度會連你都感到意外。

你知道了吧？就算不施展欲拒還迎的小惡魔技巧，只要你是一朵擁有許多花瓣的美麗花朵，就能如你所願被他所愛。

不過，每一片花瓣的大小必須一致。若有一片花瓣過大，看起來就會不美。身為社會性動物的男性也同時會去確認你的花瓣是否均衡。

只要你專注地在男性面前展現這十大條件，「小姐變女神」指日可待，你會收到許多欣賞的眼光，不知不覺就交到男友。與其找尋自己失敗的理由，不如依照這十大條件，來幫助自己達成目的。

# 男人喜歡「善於溝通的女人」

## 讓人覺得你坦率又可愛的轉折神句

戀愛是相互表達愛意的一種交流，而所謂的愛，就是彼此無條件地認同對方的存在與價值。因此，戀愛的一切都取決於溝通品質。

善於溝通是戀愛高手的必備條件，所以我要介紹能夠滿足十大條件中（88頁）④「坦率」與⑦「具備可愛之處」的技巧。

這是最基本的技巧，而且簡單又有效。這樣溝通，既能滿足男性的三大需求，又會讓人覺得你坦率又可愛。

若是將這些轉折神句當作口頭禪，更是如虎添翼。觀察那些有異性緣的人，你會發現她們經常使用這些句子。相反地，沒有異性緣的人，則會採用以下說話方式：

他「我發現一本很棒的書。嗯，書名是○○……」

你「啊，那本書我知道，前一陣子不是跟你說過嗎？你都沒在聽我說話？」

他「那個企劃案再彙整一下會比較好，重點是以誰為對象……」

你「我知道啊。但我們這個業界就是……，所以……」

他「你要不要畫點妝呢？」

你「誰要你多管閒事，反正我這個人就是長得不可愛。」

他「希望你能改掉不守時的壞習慣。」

你「你是在指責我嗎？我已經有在努力，今天我有提早出門，只是電車遇到交通事故。」

全部看下來，你是否也覺得這樣講話的女性很不可愛呢？想要立刻變身為可愛又坦率的女性，就要使用這些轉折神句。

**「這樣啊」、「你說得對」、「還有啊」、「另外啊」、「其實呢」**

使用方式如下。

他「我發現一本很棒的書。嗯，書名是○○……」

你「這樣啊。其實呢，我最近也有注意到這本書♪」

他「那個企劃案再彙整一下會比較好，重點是以誰為對象……」

你「你說得對，果然很了解狀況呢！另外啊，因為我們這個業界重視……所以……」

他「你要不要畫點妝呢？」

你「這樣啊，我想你說得對。因為是你我才說的，其實我對自己的臉很沒自信，所以……」

他「希望你能改掉不守時的壞習慣。」

你「對不起，我今天遲到了。另外，我也要謝謝你願意告訴我這件事。其實呢，我今天有提早出門，只是碰上了交通事故……」

前面說過，男性非常需要「被認同」，所以你不妨先附和他說的話，再利用轉折神句委婉地說明。怎麼樣？是不是加上這些轉折神句，就能讓說著同樣內容的你變身為坦率又可愛的女性呢？

## 試著把轉折神句當作口頭禪

想要將轉折神句說出口，其實相當困難，我也是好不容易才總算能把它當作口頭禪。

特別是當自己有什麼想法或意見，或者與自己的心結有關時，就沒辦法馬上附和對方「你說得對」，而不由得脫口而出「那是因為～」、「因為你不知道情況是～」等辯解的話。

在這種情況下，請你先忽略自己的情緒或想法，說「這樣啊」，如同機械般地對他所說的話加以認同就好。

在剛進入職場時，有很多人不習慣職場潛規則，用畢恭畢敬的語氣說話就全身不自在，但習慣之後，你應該可以面不改色說出「承蒙您的關照」、「萬分抱歉」「好的，我明白了」等話。

這個轉折神句也是一樣，總之就先把它當作口頭禪。

如果在說出轉折神句時，能夠將聲音提高一個音調並面帶笑容，情緒自然就會被帶動，而能順利地把話說出口。

**對於男性來說，即使沒有好好地談過話，但只要自己得到認同，之後就會有意願去聆聽女性所說的話。**

男性原本就有著「養育感」，也就是想要培育或協助女性的強烈欲望，因此會很用心地聆聽女性所說的話，並期望自己能幫助女性。不過，這當然是建立在你先對他有認同與接納的前提之下。

其實，只要你說出轉折神句，你就能輕易地向對方「撒嬌」。而他會因為受到接納與認同心情愉快，想法轉變為「好啦好啦，你說什麼我都會聽」。

表現地可愛又坦率，就連撒嬌也能做到。這個方法你一定要試試看。

# 只有溫柔體貼是不夠的

## 男人要的是「與眾不同的感覺」

受歡迎的女人能給予男人他所想要的。

如同我在LESSON 2中提過，相信「男性所提供的資訊」並予以實踐，就不會被偏見或女性的想法所左右。我在撰寫與男性有關的書籍時，為了避免有所偏頗，都會向許多不同類型的男性詢問「男性的意見」以確認正確性。

雖說如此，但也不是每個人都有機會向許多男性詢問意見。因此，我才會在第88頁列出十大條件，統整出男性心目中的女神形象，好讓大家都能給予男性他所想要的。接著要談的是最後一個條件——「與眾不同的感覺」。

男人這種動物會希望自己是女友心中「最特別的那個人」，所以只要你刺激他的三大需求，同時讓他感受到「與眾不同的感覺」，他就會覺得跟你戀愛是有好處的。

他希望自己在你心目中是個優秀的男人、有影響力的男人，而且還是培育你並使你成長的男人。總是排在第一，而且很特別。

大家都說「溫柔體貼的女人」和「犧牲奉獻的女人」最受歡迎，然而並非如此。

「一定要讓他知道我是個溫柔的好女人」，而拚命展現自己**「溫柔體貼」的一面，其實是沒有經過深思熟慮的偷懶做法**。有時露出「溫柔體貼」的一面，有時則讓他看到你願意「犧牲」的一面，依照時間場所不同，必須有所調整，否則只會讓男性覺得無趣或有壓力。

以你自己來說，有時會想要依賴男性，有時又希望能被男性依賴。在不同的時候，我們要的也不同。

溝通就是你來我往，所以是流動的、是活的，並沒有一個正確答案。正因沒有正確答案，所以才有趣，而且無論任何人都能成為溝通高手。

## 強迫推銷式的犧牲奉獻，男人反而會心存抗拒

回到剛剛的話題。若你只是一門心思地討好，用強迫推銷的方式要對方接受你的犧牲，絕不可能讓他感受到「與眾不同的感覺」。

依照女性的邏輯，為男性犧牲奉獻就是在表明「你對我是這麼重要、這麼特別」。然而男性卻會將此視為一種控制或支配的訊息，而無法認同。

有一次我在店裡聽到這樣的對話。

林先生有位人人稱羨的女友。她很會照顧人，每天都幫林先生做便當，讓他帶去公司，有時還會送宵夜給他。就連假日林先生忙於工作，她也不會吵著要出門，而會待在家中打掃、煮飯。聽到這裡會讓人覺得，她是個很好的女友。事實上，當時無論是男性還是女性，都很好奇林先生究竟對女友有什麼不滿。

於是林先生說：「我知道她為我做了很多，但是每次我都要用言語或態度向她表達感謝，直到她滿意為止，實在很累。應該是說她會要求回報吧！所以最近只要她幫我做了什麼，我就很不安，忍不住要擔心這次要怎麼做她才會滿意呢？我開始覺得我不是發自內心愛著她，而是被迫必須要愛她。這真的很累。」

聽到這麼一番話，男性當中就有人說：「的確會這樣！讓你吃她親手做的料理，就好像是在說：你看我為你付出這麼多、我會是個好老婆。我就是因為這種無形的壓力，最後才結婚。」

「就是說啊。如果我因為喜歡她而想為她做點什麼，做了之後看到她很開心的那個瞬間，就是我覺得最幸福的時刻。」

「男人畢竟還是想要付出。如果女人犧牲奉獻太多，讓男人沒有機會付出，那心裡可是很苦的。」

包括林先生在內的所有男性，都對女性在「犧牲奉獻」的行為背後，所隱藏的訊息心存抗拒。

犧牲奉獻的女性大多會認為「我為你做了這麼多，你屬於我、待在我身邊是應該的」，在行為背後有著想要支配、控制對方的意圖。男性感受到存在於犧牲奉獻行為背後的「支配、控制」，所以才會討厭「犧牲奉獻的女人」。

## 如何讓男性覺得自己與眾不同

想要藉由犧牲奉獻、付出一切來傳達自己的心意，只會造成反效果。不僅無法讓男方感覺到自己「與眾不同」，還會被討厭。而且會讓他沒有機會付出，所以也就無法感受到優越感或培育著你的感覺。

那麼，對男性來說，怎麼樣才會有與眾不同的感覺呢？

我認為，男性希望透過女性的一點小心意來感覺到「我在她心目中是特別的」。受歡迎的女性都知道，輕飄飄的一句「我喜歡你」，或者單方面、強迫性的求愛行動，完全無法讓男性獲得滿足。

因此，我在女公關這個工作上是採取這些做法。

不限於歲末年終、生日等節目，我只要去旅行，就會送客人一點伴手禮。如果找不到什麼合適的伴手禮，則會寄送明信片。雖然都是一些小東西，卻能讓客人知道我一直把他們放在心上。

在店裡談話時，如果客人提到自己很熱中於親手製作御飯糰，我就送他「品質最好的米」；若是聽到客人說他正在學外語，我就送他文具用品。從這些瑣碎小事當中，找出可以送的禮物來送給他，讓他知道我有在關注他，但又不會太超過。

這麼做雖然花時間也費工夫，但是對男性來說，可以從這麼一點小心意當中感覺到自己的「與眾不同」，所以是最能傳達心意的禮物。

沒有異性緣的女性，會因為自己喜歡最近很有名的甜點，沒有多想就送甜點給對方。就這是強迫推銷，所以一樣是送，卻無法打動對方。因為她把自己覺得好吃的東西送給對方，但這項禮物卻不是對方想要的。

我們要發揮想像力，送給男性他想要的。於是男性就會認為「她很關心我，她對我比較好耶。」

在我自己的戀愛經驗當中，有個男朋友很喜歡水煮蛋。有一次我帶了一顆水煮蛋給他當點心，讓他非常感動。

讓對方感覺到自己「與眾不同」的經驗當中，我自認最好的是這一個。

「今天的月亮好美！抬頭欣賞一下吧」，我曾經傳送這麼一則簡訊給喜歡美好事物的男友。他因為很忙碌，常會覺得身心俱疲，這是我思考該怎麼做之後採取的行動。

一段時間過後，他傳來這樣的回覆：「有時當我覺得很辛苦，你適時傳來的隻字片語總能讓我得到安慰。很高興你還記得我喜歡美好的事物。如果不是很替我著想，是無法做到這些事的。會為我這麼做的人就只有你而已。」

如何讓他高興？如何讓他覺得自己與眾不同？發揮想像力再採取行動，就能讓你成為有異性緣、有人愛的女性。

想要被他所愛，就要**發揮想像力**，**以行動讓他看到他想要的**。這就是滿足男性「想要與眾不同」的重點。

# LESSON 4

# 掌控氣氛教戰守則

改變氣氛，喜歡的對象就會自動靠近

# 什麼都能聊！輕鬆加入男性話題的訣竅

## 聰明與可愛要兼具

我們終於要接近他的世界，並讓他感受到自己的存在與價值無條件地受到認同，那種愉快且安心的輕鬆感。LESSON 4 要讓你學習達成以上目標的具體技巧。

不過，男人是很貪心的。他們希望真命天女能兼具聰明與可愛。就算工作表現傑出，也不要在自己的面前展現實力；即使在職場上面面俱到，也要給自己表現的機會。也就是說，他們喜歡的是擁有聰明俐落的頭腦，但懂得偶爾示弱，讓人想要保護的女性。如果自己的女友是兼具聰明與可愛的「女強人」，他們就能找到自己身為男人的存在價值。我說的女強人不單指在事業上成功的女性，而是對於各種事物都有「好奇心」，男人眼中看起來既聰明又可愛的女性。

女強人能夠一次滿足「女神的十大條件」（第88頁）中的②④⑥⑦⑧⑩這幾個條件。為了成為受歡迎的女性，這是不可或缺的技巧。

現在回想起來，我的曾祖母就是個懂得男人心的「女強人」。我到現在還記得自己四歲時與曾祖母的這一段對話。

水希　「為什麼曾祖母喜歡看那麼無聊的相撲呢？」

曾祖母　「那是因為你曾祖父喜歡相撲啊。」

水希　「只要曾祖父喜歡，曾祖母就喜歡嗎？」

曾祖母　「水希啊，剛開始曾祖母也不喜歡相撲，覺得很無聊。不過呢，如果要和曾祖父一起看電視，就只能看曾祖父喜歡的節目啊。一樣都是看電視，與其一邊看一邊覺得無聊，倒不如樂在其中還比較好。這樣你了解嗎？」

水希「嗯～」

當時我還是個孩子，所以不太能了解曾祖母的意思。如今我回想起來，才知道這是多麼可貴的想法。因為想和曾祖父快快樂樂地在一起，所以曾祖母決定要喜歡曾祖父所喜愛的事物。

當然這也是因為他們是明治時代的人，雖然倡導兩性平權，但實際上身為一家之主的曾祖父，可說是家中最高權威，或許服從本來就是曾祖母的生活準則。無論如何，曾祖母身處於這樣的環境，卻能發揮自己的「好奇心」找出相撲的樂趣所在，讓自己能樂在其中，也能尊重一家之主，使家庭圓滿和樂。

## 只要小範圍即可，掌握他的興趣所在

男人的自尊心是聖域，是絕對不容侵犯的聖物。

不要賣弄自己的知識與能力來讓對方覺得你聰明，而要像我的曾祖母那樣，在「好奇心」的驅使下展現自己可愛又聰明的一面。也就是說，要去關注並深入了解對方感興趣的事物。

日本知名電視節目主持人——島田紳助先生也曾在某個場合說過：「只要你有一個精通的領域就好。一個即使對方深入詢問，你也能答得出來的領域。」這樣就能在不傷害男性自尊的情況下，讓他認為你是個可愛又聰明的女人。

我曾和一個性格獨裁的男友交往，當時，我想起自己與曾祖母的對話，而努力喜歡上男友所喜愛的事物。

男友很喜歡職業摔角，所以我們會一同觀賞。我很討厭職業摔角，光是看到就覺得噁心。即使如此，在我試著讓自己樂在其中的時候，我發現似乎只有美國的WWE職業摔角能讓我欣賞。而現在的我，一談到職業摔角就會很激動。

我每個禮拜都和男友一同期待著WWE的播出。如果他忘了，我會提醒他

「時間到了」；如果沒辦法收看，就會把節目錄起來。因此，我們很快就有共同話題與兩人獨處的時間。

另外，我的男友對汽車很講究，話題經常圍繞著馬力、引擎等，就算他跟我聊這些，我也不會隨便敷衍，放空大腦。因為我想到如果自己也很懂，他就會想跟我聊，於是在好奇心的驅使下，我拚命學習一番。如今我對轉子引擎（Rotary engine）也能聊上幾句。

能聊汽車話題，對於酒店服務業的工作，或者與許多男性談話時都能派上用場。用男性想談的話題來炒熱氣氛，馬上就能博得好感。

而且這個領域和聰明與否並無關係，所以不用擔心賣弄知識導致反感，在男性看來就會是個可愛又聰明的女人。

**看到你努力地學習過去完全不感興趣的領域，他肯定也會覺得你很可愛。他從「好奇心」這個原動力感受到你的聰穎，因而被你吸引。**

舉例來說，對電腦領域相當熟悉的藝人真鍋香織小姐廣受男性愛戴，這是同一個道理。她畢業於橫濱國立大學，學歷既高，對於男性喜愛的事物又很熟悉，所以我想她是兼具聰明與可愛的好例子。

## 盤點男性感興趣的領域

經過前面幾堂必修課，相信大家都已經打好基礎，現在開始，我們要擴展自己的領域，以期更加貼近你喜歡的對象。

下面列出男性感興趣的領域，請發揮你的好奇心，選擇其中一項深入研究。

如果你對男性感興趣的領域有所理解，即使那並非他喜愛的領域，他也會自行解讀為：「我喜歡的東西，這個女生也一定會喜歡」。

| 領域 | 關注重點 |
| --- | --- |
| 汽車 | 車種、引擎、機械構造、輪胎、競賽（F1、達卡拉力賽） |
| 手錶 | 品牌、機械構造（特別是陀飛輪）、歷史 |

相機　製造廠、機械構造、照片、數位相機、底片
運動　足球、棒球、籃球、網球
音樂　音響設備、揚聲器、耳機（注重硬體甚於軟體）
政治／經濟　彼得・杜拉克、卡爾・馬克思、馬克斯・韋伯、軍事
歷史　三國時代、近代史（第一次世界大戰、第二次世界大戰）
人生格言　李白、莎士比亞、卡內基
心理學　佛洛伊德、卡爾・榮格

選擇一個領域，請發揮你的好奇心，收集資訊並深入研究，好讓自己能稍微深入地談論某個主題。

# 如何展現自己有教養的一面

## 男性想要的是「愉快且安心」的感覺

我們在人際關係中尋求的是愉快且安心的感覺。

那麼，你認為女性能讓男性感到安心的是什麼呢？

男性對真命天女的要求是「教養」、「獨立自主」、「品格」，以及「溝通能力」。簡單地說，就是「良好的教養」。

儘管如此，但我只是普通家庭出身，又不是什麼名媛——你若是這麼想，可就太早放棄。男性認為的良好教養，指的並不是「千金大小姐」，而是能看出是「在父母的疼愛下長大」、「在關愛中成長」的「良好教養」。

男性透過「在父母的疼愛下長大」、「在關愛中成長」的良好教養，想像你也一定會對自己「溫柔、珍惜，並且付出真感情」。因為男性也希望能透過被愛來得到安心感。

這部分當然可以從現在開始學習。

那麼，男性是根據什麼來判斷對方是否具備「良好教養」呢？在剛認識時，我們不了解對方的內心世界，而對方也不了解我們，所以終究要從表面來判斷。

從表面上可以看出良好的教養嗎？你或許覺得很不可思議。我不是在嚇你，不過，根據男性的說法，「良好的教養」其實很容易從表面上看出。**無論有意或無意，其實男性都會以某個場面來判斷。那就是「用餐的場景」**。

從事女公關這個工作，我常被客人誇獎：「像你這樣的人，怎麼會當女公關呢？感覺和我們是不同世界的人」，我詢問理由，他們的回答一律是：「因為用餐時的動作很優雅」。

另外，有一段時期跟我交往的花心男都紛紛改過向上，對我真心以待。問他們為什麼，聽到的答案也都是因為用餐時的姿勢儀態，讓他們覺得一定要好好珍惜我。

我出身於普通家庭，所以這件事讓我覺得很不可思議。不過回想起來，祖母曾仔細地教過我「該怎麼吃魚」、「該怎麼拿筷子」，而父母也教我「如何使用刀叉」，或許是這個緣故。

嫁入羅斯柴爾德家（羅斯柴爾德家族於十八世紀末創建整個歐洲金融與銀行的現代化制度，被認為是十九世紀最富有的家族）的娜迪妮夫人並非系出名門，卻因為學習上流社會的禮儀與動作儀態，得以嫁入羅斯柴爾德家。

如果你對自己的出身沒有自信，可掌握接下來的重點，留意自己的動作儀態，就能讓你看起來像個「有著良好教養的女性」。

說到用餐禮儀為何重要，是因為我們可以從用餐的過程中看出一個人的教養。甚至可以從用餐習慣看出一個人的個性。

如果不會拿筷子，是不是成長於不懂得如何拿筷子的環境呢？如果把一條魚吃得亂七八糟，是不是在胡亂浪費食物的家庭中成長的呢？如果吃得很快，是不是在不趕快吃完就沒得吃的環境中成長的呢？男性在一瞬間就能推測出許多細節。

對男性來說，選擇伴侶同樣是人生大事，與女性並沒有不同，所以一定要非常認真。

因此，不要再替自己找藉口。就依照男性所檢視的重點來學習「有著良好教養」的動作儀態，並成為他的真命天女。

## 一不小心就會掉漆的「用餐」儀態

最引人注目的是姿勢。請留意保持背部挺直，不要將手肘張開，或把手肘撐在桌上。我常看到有些女性在用餐時彎腰駝背。即使同為女性，看到這樣的姿勢也會覺得遺憾。除了不優雅之外，還很難看。

將筷子、叉子，以及湯匙移近嘴邊時，肘臂不可張開。以端正的姿勢靠近餐點。光是這麼做，就能散發一股優雅的氣質。

用餐禮儀其實就這麼簡單。不過，卻有很多女性會忽略。

進食是和本能有關的行為。如果交給本能，就會變成粗野的用餐方式，與良好的教養相隔甚遠，而成為野獸。

姿勢方面，不要用手肘撐著桌面這點非常重要。如果試著觀察就會發現，在用餐時以手肘撐著桌面的女性多得讓人意外。這個姿勢會讓他感覺到你的懶散，像是沒辦法自己撐起身體一樣。

另外，在高級餐廳就座時，請勿自行拉開椅子坐下，而是要等候店員替你拉椅子（小吃店或平價餐廳除外）。這樣的做法能博得男性的好感，讓他有所警惕「我一定要把她帶到適合她的店裡」。但也請你視情況而定，否則讓對方覺得「這女的是不是有公主病」，就得不償失了。

此外，以筷子或叉子等來翻弄或攪動食物的狀況也非常多。這樣的行為完全ＮＧ，而且會給人「不珍惜食物」的負面觀感。

吃了一口之後，就要把筷子、刀叉，或湯匙放下，或者要有那樣的準備動作。在禮儀的世界中，一次只做一個動作是最美的。

請你留意將整體動作放慢。

急促的動作不僅和優雅無緣，還會給人焦躁、不從容的感覺，而且顯得窮酸。試著想像一下，名媛的一舉一動都不會急躁。她們會慢而仔細地做出每一個動作。

除此之外，握筷的方式絕對要正確。

現在有兒童專用的練習筷，所以你可以在家中悄悄練習。在他的面前，就是正式上場的時間，你要將此視為展現平日練習成果的好機會，並利用與他碰面以外的時間來練習。

另外，當你未能將餐點吃完，要先說一聲「很好吃，可是我已經飽了。不好意思」，然後才將盤子置於一旁。若是將食物散落於桌面上，當然也很不好看。

接下來是加分題。如果能把魚吃得很漂亮，就算有些地方沒能做到，也能無條件地贏得尊敬。請練習如何以筷子或刀叉優雅地吃魚。若無人指導，是無法優雅地享用魚類料理的，其中的差異將如實呈現。

雖說如此，但太過完美的餐桌禮儀，反而會讓男性退縮不前。他們會覺得自己無法和完美無瑕的千金大小姐交往。因此，禮儀書上雖然寫了許多細節，但我們只要做到前文中提到的即可。

是不是意外地簡單呢？這些雖然都是小事，但卻無法蒙混過關，所以我們可不能小看用餐習慣。

請把重點放在「良好的教養」，讓他感到安心。

# 魅力來自於意外驚奇

## 讓驚奇變驚嚇的四大誤解

若希望男性視你為真命天女，就一定要讓他感到「安心」，但男人這種動物光是這樣還是不能滿足，因為安心久了，他們就會開始感到無趣。

雖然討厭魔鬼，卻很喜歡小惡魔——這可以說是男性心理的最佳寫照。

如果能夠輕易掌控，就很無趣，但若是太過於無法掌控，又很讓人不安。

**你要做到恰到好處，當個能帶給他九分安心與一分驚奇的女人。**

平時在工作上做得有聲有色，但是一看催淚片就潸然淚下；雖然清純可愛，卻穿著性感的絲襪；臉蛋看起來稚嫩，但胸部很大；看起來柔弱，卻具備能將工作完成的強悍。男性喜歡反差感，雖然有著良好教養與高雅氣質，卻有一分不協調的感覺。

然而，有許多女性想展現這一分的驚奇，卻有所誤解，最後被甩掉還不知道原因。我將標題取為：「讓驚奇變驚嚇的四大誤解」。

①想要表現得像個小惡魔或是展現性感，反而讓自己像個粗俗的女人

②想要表現得像個通曉人情世故的成熟女性，反而讓自己像個「老油條」

③想要顯示自己交友廣闊、有許多男性友人，反而讓對方退縮不前

④想要展現自己柔弱的一面，反而讓自己像個麻煩的女人

關於第①點，請容我再次提醒，男性最討厭的就是粗俗下流。

連聖經裡都提到瑪麗亞是處女懷胎，男人會期望女人是清純玉女。這樣的歷史長達兩千年，已屬於DNA層次，絕對不能違反。

遣詞用字不合宜、服裝過於性感暴露，或者濃妝豔抹等都是粗俗下流。

服裝以胸部若隱若現為佳。相較於性感暴露的服裝，男性更偏好看得出身體曲線的服裝。這樣就能讓男性稍微想像一下「不知道裡面怎麼樣呢？也許意外地有可看之處」，也就能帶來一分驚奇。裙子的長度以膝上十公分為佳。

至於化妝方面，我在 LESSON 2中提過要好好地化妝，不過頂著個大濃妝可就不行。

本身為經營者或創業家的男性會偏好正式妝容，而其他行業的男性則喜歡所謂的素顏裸妝。事業成功且精力充沛的類型，通常愈是偏好整潔的妝容。如果想和有錢人交往，就要在某個程度上好好化妝。

接著是對話部分。你不必假裝清高，在聯誼或聚餐等場合中嚴正拒絕所有黃色話題，否則不免會因為過於古板而被討厭。但是，你絕對不能順著氣氛開口自己說黃色笑話，則會被視為粗俗的女人而使男性卻步。

對於黃色話題等切勿回應，而是要丟回一個問題給對方。「喔～男人都會怎麼做呢？」是最好的回答，而且也恰好能成為那一分驚奇。

②是常見的「老油條」型的女人。「女人要是過了二十五歲啊～」、「男人都是這樣啦」、「現在的妹妹都～」這些話真的很討人厭。

前陣子在某個聯誼活動當中，最受歡迎的女性在第二輪的聚會中就是以這樣的「老油條」口氣說話，結果在一開始說她好的男性全都給她打叉叉。

這樣的行為看起來非常「不可愛」，所以絕對不要在男性面前擺出一副很懂的樣子談論人生、男人，或女人等話題。如果一邊談，還一邊抽菸，那就不是個通曉人情世故的成熟女性，而只是個糟老頭。

對話時，應該要留意自己是否正在批評別人。比如說「那個人啊，根本超級自私自利」、「我很討厭他頤指氣使這一點」、「長的帥的男人不能相信，真討厭啊」。

毀謗、批評，或者說別人的壞話都會讓你的形象變差。不過，這些話一個不小心就會脫口而出。請將這類對話視為姐妹淘之間的話題，切勿在男性面前談論。

相反地，如果說出「阿寬成熟穩重的這一點很好耶」、「笑容陽光的人會讓人感覺他們很真誠呢」等正面的話，則會給人好印象。

接下來的③是男性最無法容忍的一點。也就是有許多男性友人，或者以前曾跟很多男性交往過。

基本上，男性總會希望自己是女友的「第一個男人」，他們是會有意無意地相互競爭的動物。因此，別說是前男友，就連普通的男性友人，也能讓他們介意老半天。「那傢伙看起來就沒用，我比他好很多吧？」如果女方的戀愛經驗比自己多，就擔心會被拿來比較。

比起女性，男性中有更多人認定「男女之間沒有純友誼」。他們就是這麼介意。

人們常說男人的忌妒心比女人還要強烈、還要可怕。實際上，真的有許多男性因為自己熊熊燃燒的忌妒之火而自暴自棄。

想讓自己看起來高不可攀，凸顯自己很有異性緣，一不小心就會造成反效果。切記要保持神秘才有美感，可別故意炫耀。

至於④，是想要展現自己柔弱的一面以帶來驚奇，然而卻搞砸的女人。其實，從生物學的角度來展現力量不夠或體力不足等柔弱之處，是最能帶來一分驚奇的方式。比如打不開瓶蓋、無法拉開果汁罐的拉環、背不了重物，或是怕冷等，男方只要出點力打開瓶蓋或者拉開拉環即可，又能讓女方顯得楚楚可憐。

然而，如果一有什麼麻煩事或是陷入沮喪就要找男方商量，只會讓你成為一個麻煩的女人。男性是想要取悅女性的動物，但如果你老是在沮喪，他也會漸漸認為自己沒辦法讓你幸福，沒辦法逗你開心，於是就會覺得痛苦而厭倦。

因此，如果要展現柔弱的一面，只能**選擇當場就可以解決的問題**。找男方商量是可以，但老是這麼做就會惹人嫌。

## 九分安心與一分驚奇

那麼，你一定會想，究竟該在什麼情況下讓他感到驚奇呢？

前面講過，男性要的是九分安心與一分驚奇，所以，關於那一分驚奇你不用太過在意。如果特意去做些什麼，反而會被看穿。因此，只要留意第125頁所列出的四大誤解，其他的就跟平常一樣，如此自然會讓他感到驚奇。

結論是你只需要表現良好的教養就好。

你不必表現得完美無缺。如果有哪裡沒做好，自然就會成為驚奇。「沒想到有這種反差，這可愛」、「以為你完美無缺，沒想到也會出錯——也有可愛的一面」，於是驚奇就變成可愛。

不用把它想得太難，只要記得不必勉強營造驚奇就好。

# 如何讓他覺得「我們很合得來」

## 找出對方的思考模式並配合他

為了當個能讓人感到安心的女性，前文中已作過許多說明。接下來要介紹的可不是什麼暫時性的小心機，而是要教你如何確實打動他的心。

**我們都喜歡與自己相似的人。**

我們都是透過與某個人之間的關聯，來確認自己是誰、自己是否真的存在於這世上。所以，對方與自己愈相似，代表你們之間愈適合。因為人會下意識認為跟與自己相似的人在一起，對方就不會否定自己，獲得接納的可能性會比較高。

第一次見面就合得來，也就意味著彼此能夠做到「無條件地認同對方的存在與價值」，這是建立關係最大的原因。

因此，接下來我們要來仿效他的「思考模式」，試著扮演一個與他志趣相投的人，帶給他更強烈的安心感、信賴感，並讓他感覺到你對他的理解與認同。

「思考模式」是思考本質的類型，可以讓我們更快進入他的世界，了解他為何會這麼想，並說出一些容易引起共鳴的話。讓他覺得跟你在一起是件安心又愉快的事。

思考模式有很多種，而我這次要介紹的這四種「思考模式」，經常成為情侶間因為想法的差異而分手的原因。

這四種類型分別是「說明模式」、「判斷標準」、「採取行動」，以及「不同的理解方式」。若你能在這四種類型上仿效他，讓他覺得你「跟他很合得來」，你們之間肯定能順利進展。當然，我的意思不是要你非得改變自己，配合對方，而是透過了解這四種類型，你能知道自己與他的「匹配」程度。

## 「為何做出這個選擇？」——①說明模式

詢問男性「**為何做出這個選擇？**」的時候，男性的說明模式可分成兩種類型。

第一種是馬上就說出理由的類型。比方說，問他「為何會選擇業務工作呢？」他就回答「因為我喜歡接觸人群，而且薪水也跟自己的付出成正比，這就是這份工作的魅力所在」，以**價值觀**、**機會**或**可能性**為理由來答覆。

第二種是解釋其中的來龍去脈的類型。對於方才的問題，他們會這麼回答。

「我在第一間公司是擔任會計，但覺得工作有點無聊，於是想試一下自己的能力，而剛好親戚在經營現在這家公司……」

就像這樣冗長地談起自己為何選擇業務工作。

所以，如果類型不同，就會話不投機，對於戀愛也會造成一些影響。

如果他是立刻說明理由的第一類型，而你是解釋其中原由的第二類型，他就沒有耐心聽完你說話。他想知道的是，讓你做出那個選擇背後存在的價值觀與想法。至於其中的來龍去脈，他並不感興趣。

相反地，對於他只說結論卻不解釋其中原由的作法，你會覺得他有所隱瞞。

或許剛開始你並不在意，但時間久了卻容易造成隔閡，所以我們要在一開始就問他「為何會選這個（工作、服裝等）」，以釐清對方的類型。

接著，你可以配合他的類型來進行對話，於是他會覺得「我們怎麼這麼合得來」，而深深被你吸引。

我是屬於詳細解釋其中原由的第二類型，所以當遇到只說結論的類型，就有些不知所措。這時候，我會在腦海中回想一遍來龍去脈，然後說出最後的結論。經過幾次這樣的訓練，我不知不覺就學會運用。

## 他重視的是自己的想法？還是別人的意見？——②判斷標準

接下來要談的，是我們衡量某事的判斷標準。這可能成為日後爭吵的原因，所以要好好確認。

你可以問他：「你怎麼知道那項工作會順利呢？」

第一種是憑自己的感覺來決定的類型。

「啊？我就是知道啊。」

第二種是根據別人的評價或標準而決定的類型。

「那是因為部長給了很高的評價／那是因為能簽到約。」

若你與他都是第一種類型，雙方都不聽別人的意見，當彼此的判斷有落差，你們就會吵架，雙方都不肯退讓一步。繼續針鋒相對，你們的愛總有一天會被爭吵磨滅，走向分手，若你不願看到這個結果，那麼只能適度遷就。

接著是他屬於靠自己決定的第一種類型，而你則是聽從別人的意見的第二種類型。這樣的組合男方比較強勢，而你總是對他言聽計從，或許會讓他覺得你很容易受人影響。因此，當他徵詢你的意見時，你可以儘量表達自己的主見，即使是說謊也沒關係，偶爾也可以配合他的類型回答「我就是知道」、「我就是覺得這個比較好」。

接下來是你屬於第一種類型，而他是第二種類型。這樣的組合或許會讓他看起來像個隨波逐流的人。如果按照你的步調交往，他就無法展示自己的優點。因此，就算你是憑自己的感覺作判斷，也要偶爾配合他而故意說「是因為○○的推薦」。另外，即使他一時難以抉擇，也要從容地等候他做出決定。

最後是兩個人都屬於第二種類型的組合。由於判斷標準完全一致，只要在以誰的意見為準這一點上沒有落差，自然就能順利進展。當彼此的意見不同，就姑且先配合他，聽從「都教授」、「陳經理」等旁人的意見。

是不是覺得自己更接近他的世界了呢？

若是想強調自己跟他志趣相投，也可以仿效這個「思考模式」，如此就能讓他覺得你們很「合得來」，所以請你務必要學會。

## 確立目標或是迴避風險？——③採取行動

雖然簡單說是「合得來」，但是要特意去做，還真是耗費腦力。不過，只要稍微訓練一下，你就可以隨心所欲地接近他的世界，而戀愛也會變得更有樂趣。小姐們，讓我們以輕鬆的心態繼續學習另外兩項。

接著要介紹「採取行動」的兩種原因。若彼此的思考模式在這方面有所落差，那麼很容易產生誤會，使彼此焦躁不安，所以要多注意。

第一種是為了達成目標而心無旁鶩採取行動的「終點衝刺型」。

比方說，心想著「我要交個女朋友，好讓生活更充實」，於是就交了女朋友。

第二種是為了避開危機或問題而採取行動的「危機迴避型」。

「都這個年紀了，如果沒有女朋友，別人會覺得奇怪。我得交個女朋友才行。」基於這樣的考量而交了女朋友。

如果在對話中多次出現「達成、獲得、取得、得到」等字眼，就是第一種類型。相反地，若是常聽到「如果、避開、排除、遠離、免於」等否定詞語，就是第二種類型。

屬於終點衝刺型的他，會偏好積極正面的表達方式。如果你在對話中說出「如果～可就傷腦筋了，所以我想差不多該換工作」、「我可不想像學姐那樣，所以要在三十歲之前結婚」等話，他不但無法理解你的心情，還會認為你是個消極負面的麻煩人物，沒辦法跟你一起走下去。

在對話中要盡量正面積極，比如「我想再多學一點，所以想換工作」、

「我想早點生孩子，所以要在三十歲之前結婚」，有著明確的目標。如果不小心說出危機迴避型的言論——「再這樣下去也不會升職，還是換工作吧……我原本是這麼想的，但最近是因為想當主管，所以開始在想要不要換工作」，就要趕快更正，把話圓回來。

接下來是他屬於危機迴避型的狀況。「像現在這樣的時代，也不知道公司何時會倒閉，所以得做好準備」、「將來的事誰知道，所以才要儲蓄」、「我認為公司的組織架構有問題。該怎麼做才能避免發生問題呢？」在對話中提到問題點與危機，就能引發他的興趣，不但能使對話延續，也會他讓開始採取行動。

不要只是把這樣的想法當作負面思考。如果你試著接近他的世界，就會發現其實他不但會深入探討問題，具備解決問題的能力，而且還很擅長分析與評論。由於他是深思熟慮的類型，只要你針對這項能力予以讚美，就能讓他感覺被尊重，因此更能提高你的分數。

## 他是否喜歡變化——④不同的理解方式

最後一種「思考模式」，是會注意到「不同的地方」，還是會注意到「相同之處」。前面說過要給男性九分的安心和一分的驚奇，其實根據男性的個性不同，安心與驚奇的比例可以稍加調整。因此下述有四種類型，你可以依據不同的類型來調整驚奇的比例。

第一種類型是**不喜歡變化**。

如果在對話中多次出現「相同、共同、如同以往、跟以前一樣、不變、完全一樣」等字眼，那就錯不了。

因為是討厭變化的類型，所以只要給他十足的安心感，就能順利進展。如果稍微有點不一樣，他就會覺得奇怪，所以要留意將服裝和髮型保持一致，說話方式也要一致。

第二種類型是**偏好逐漸改善的變化**。

對話中常會出現「比~還要、更加、而且、除了~之外都一樣、進展、慢慢進步、改善」等字眼。

彼此的關係逐漸加深，他就會感到安心。如果你因為跟他交往，而漸漸變得更漂亮、更可愛，那再好不過。稍微給他多一點驚奇，會更有效果。

比方說，在兩人剛認識時，你都穿得一身黑，於是他就建議「要不要穿一些亮色系的衣服呢？」這時你不要立刻改變整體風格，而是要先從小飾品著手。過一陣子之後，將下半身改成顏色亮麗的服飾，接著是上半身，到最後才改變整體的穿著。像這樣讓他看到你逐漸改變的樣子，是最自然的。

第三種類型是，**喜歡大幅度地變化**。

對話中常會出現「全新的、富於變化、不一樣、完全不同、獨特的、現在、流行」等字眼，而他本身的行為也相當主動積極，所以我想很容易理解。

若他同樣建議你「要不要穿一些亮色系的衣服呢？」你要馬上去做。因為他偏好立即的變化，若是在此時提出「可是我喜歡黑色」等意見，他會認為你是個頑固的傢伙，而對你的好感下降。

因此，你不妨積極向他展示「不同面向的自己」。比方說，以為你很脆弱，就看到你在工作的傑出表現；以為你是個冰山美人，就看到你充滿人情味的一面。請你像這樣坦率地表現自己。這麼一來，他也會因為充滿變化的你跟他很像，而感到滿足。

順帶一提，我不能接受一成不變，所以和這個類型的人非常合得來。因為自己無法去配合不喜歡變化的人，所以我不會勉強去配合對方，而是將此視為選擇男友的標準。

如果你也是難以配合他人的類型，那麼一開始知道合不來就乾脆地放棄。不勉強自己配合別人，而是反過來把這當作是選擇男友的標準。

第四種類型則是介於第二種與第三種之間，**喜歡適度的變化與改善**。這個類型的人不喜歡一成不變，所以如果讓他看到因為認識他而變得更好的自己，就很有效果。

一開始沒有任何嗜好，後來卻開始去上烹飪課；開始念書準備考證照；開始練瑜珈。無論什麼都好，讓他看到你的改變。

讀到這裡，或許你已經發現，所謂的驚奇，是要讓對方看到正面的驚奇。相較之下，第125頁的四大誤解則是負面的驚奇。

**基本上，人們不是偏好維持原樣，就是企圖改善與進步。**

他在戀愛中想讓你感受到的是「能夠幫助並培育你的他」。從這層意義來看，我們一定要讓他看到正面的驚奇，以及改善與進步等正向的改變。

於是他就會選擇你，因為你能讓他在跟你交往時感到安心又輕鬆。沒有其他女性在接近他時連他的「思考模式」都會考量到，所以到了這個階段，你已經所向無敵。

# LESSON 5

# 比耍心機還重要的表達能力

## 草食男、肉食男都逃不出你的手掌心

# 不要被扣分的小細節

## 容易造成反效果的小動作

在招桃花小偏方當中，一定會用到「肢體動作」、「營造氣氛」等技巧。然而以男性的觀點來看，這些技巧的效果並不好，不值得女性這麼努力。

戀情不順遂的小姐最大的問題，是她們很注重一些沒有必要的技巧，卻忽略真正重要的事。

比方說，她們知道撥頭髮的動作會讓人覺得性感，所以不時就會去撥一下頭髮。但是，在最重要的用餐場面，卻會在吃東西時發出聲音，或者不會拿筷子。措詞不雅，甚至還會說髒話。

你不妨回想看看，自己是否也曾做過不適合的舉動，無論是小惡魔技巧，還是裝清純玉女，或者當他的乾妹妹，前提都是他覺得「或許有喜歡你」、「你很不錯」，才會有效果。

「還在等他注意到自己」，以這個階段來說，這些技巧其實完全沒有必要。

**想要在聯誼活動、公司、學校、打工地點，或者社團等地方脫穎而出，讓他注意到你，與其靠著小技巧為自己博得好印象，倒不如把重點放在怎麼樣才不會被扣分。**

只要喜歡上了，就會「情人眼裡出西施」。我們女性是這樣，而男性也是一樣，對於小事情都會變得不在意。

不過，在覺得「你很不錯」、「可以發展下去」之前，男性會冷靜觀察，所以缺點就會特別醒目。

## 男性眼中十大扣分重點

為何缺點會特別醒目呢？令人意外的是，大家居然都不知道。不過這件事很重要，所以小姐們可要聽好。

比起正面的資訊，其實我們人類對負面資訊的記憶更深刻。因此，若是在無意中被貼上負面標籤，等到貼滿之後，就會被列入不感興趣的名單。

而且我不是在嚇你，最近的研究顯示，每當被貼一張負面標籤，就要累積五次的正面表現才能抵銷。

人們說信任需要時間慢慢累積，卻只要一瞬間就能摧毀。做生意是這樣，當然戀愛也是一樣。

況且正在閱讀本書的你，應該跟我有同樣想法——「什麼小惡魔技巧，我做不到」。我想你就是因為沒辦法那樣任性而為，所以才會拿起這本書來閱讀。

在必要的時候，我也會利用人們所說的「小惡魔技巧」，但都是經過考量後才使用。即使沒有化身為小惡魔，即使只是循規蹈矩、看起來很笨拙，只要讓自己不被扣分，一樣能抓住男人的心。

我在LESSON 3中提過，如果拿掉「自由」與「尊敬」，小惡魔技巧就沒有任何效果。

男性原本就不會去注意女性的髮型或服裝等細節，所以那些小技巧並不重要。

那麼，男性會扣分的項目有哪些呢？以下列出十個扣分重點。

①動作快而匆忙
②動作大而豪邁（看起來很有男子氣概）
③笑的方式（哈哈大笑不夠優雅／以手遮口的笑法會讓你顯得沒自信）
④一直在意自己的外表（玩頭髮／照鏡子、確認自己的鏡中影像）
⑤用餐禮儀不佳（邊吃飯邊說話／發出聲音）
⑥左右張望（令人覺得你不感興趣、沒自信、不沉穩）
⑦姿勢不佳

⑧ 對其他人的態度（譬如對餐廳員工頤指氣使）
⑨ 眉頭深鎖、嘴角下垂（認真聽人說話時的臉部表情很可怕）
⑩ 整體缺乏光澤的肌膚與髮絲（不看細部，只注意整體）

只要注意不要被扣分，就能輕輕鬆鬆地讓男性喜歡上你，所以請記住這些扣分重點。

順帶一題，肢體接觸確實很有效果。如果要告訴對方今晚ＯＫ，或者想加深兩人的關係，可以使用這樣的方式。

對於日本人來說，能夠自然地碰觸的部位是肩膀與上臂。接下來的部分或許難度有點高，但還是提供給你作個參考——若是想讓自己顯得性感，或者想讓他心慌意亂的話，最有效的做法是碰觸他的大腿內側。

如果想更若無其事地施展小惡魔技巧，可以在桌子底下用腳碰觸他。這麼做相當有效。不過，這只有在即使被誤會是「今晚可以陪你」的意思也無所謂的時候，才可以使用。

# 你也能做到小惡魔特質「耍任性」

## 不要太執著於「想讓對方喜歡自己」

說到刁蠻任性、把男人耍得團團轉，正是「小惡魔的形象」。不過，小惡魔型的女性其實並不是任性，她們只是明確表達自我主張而已。

我最近發現，不擅長戀愛的女性，似乎會將說出自己的意見視為「任性」。

別在意自己是否任性，只要好好地將想法、心情、YES、NO等傳達給對方就好。

或許你想反駁說「如果做得到就不用這麼辛苦」，因為你「不想被他討厭」、「希望他覺得我很好」、「不想嘗到失敗的滋味」，這些想法太過強烈，因此時時限制著你的行動。

雖說是「自我主張」，但也不是凡事都要以自己的意見或想法為主。如果這麼做，就只是「為所欲為」而已，沒有人會喜歡這樣的女性。

那麼，這裡所說的「自我主張」是指什麼樣的言行舉止呢？

第一次約會時，你應該會很努力地想讓對方喜歡你，希望能留下好印象。我以前也是這樣，在一開始非常靦腆，甚至連廁所都不好意思去。

然而，天生就具備小惡魔特質的女性卻完全沒有想讓對方喜歡自己的念頭。她們去約會時只是想著「他是個什麼樣的人？」打算多蒐集一點資訊。

**一開始是將注意力放在「對方」身上還是「自己」身上，就使出發點有著一百八十度的不同。**

以用餐場面為例。在點餐時，你大概會猶豫該選擇哪個價位才好，雖然不能點太貴的，但選擇便宜的又好像是在說對方沒錢。

如果是小惡魔型的女性，在此時會毫不猶豫地選擇「自己想吃的餐點」。

就算對方是打腫臉充胖子，帶你去了昂貴的餐廳，但無論點了哪一道餐點，也都是在負擔得起的範圍內。如果擔心對方的口袋不夠深，就無法接受他想在這家餐廳款待你的好意。

如果他覺得太貴，很自然就會說「大家都說這裡的魚比較好吃」，引導你選擇不同的餐點。

站在他的角度來看，點了「自己想吃的餐點」的你並不是任性。至今與我一同用過餐的男性有超級大富豪，也有一般人，而他們的說法都是「看到你邊吃邊說好吃，我就很開心」。

出於想要幫助並培育女性的想法，男性就是會本能地喜歡看到女性吃得很美味、吃得很多的樣子。

## 不會討人厭的任性方式

能夠提出「自我主張」的女性認為，彼此的意見有衝突是正常的，而且自己也不見得次次都贊同對方的意見。或者應該說，如果雙方所提出的意見一致，就可以算是非常難得、幸運的事。

因此她們能夠自然地說出「自己的意見／主張」。

所以小惡魔系的女性並不是任性，只是敢於做自己而已。

不過，在提出自我主張時必須遵守一些規則。只要遵守這些規則，就不會讓對方感覺不愉快。請你放心地向對方表達自己的意見。

規則① 當場就說
規則② 使用肯定的表達方式
規則③ 加入緩衝句
規則④ 務必以「我」為主詞
規則⑤ 表達方式要明確

請利用接下來的範例，模擬該如何滿足規則，又能提出自我主張吧。

第一次約會。他是個非常忙碌的人，好幾次拿著手機打電話、發送email，使約會被打斷。你開始想，就算再忙也該有個限度。那麼，該如何在不被誤解的情況下，好好地向他表達自己的想法呢？請你先思考一下自己會怎麼做，再繼續閱讀下去。

情況一，在他講電話時鼓起臉頰，表現出一副無聊的樣子。

乍看之下，是用肢體動作傳達想法，似乎是以一種可愛的方式來表達不滿。可惜的是，這樣並無法將自己的心情完全傳達給對方。

首先，男性並不像女性那麼擅長辨識臉部表情，所以看不出小小的變化。其次，雖然是要當場就說，但是時間上稍微早了點。再者，這種間接的方式並無法明確表達自己的想法。

情況二，他講完電話、正在發送email時，委婉地開口說「你好像很忙，在這麼忙碌的時候，我是不是太勉強你了呢？」

這次也很可惜，這樣說會讓他覺得你是在責備他，而感覺不愉快。

按照規則來做的話，是要在他打完電話後開始跟你聊天時這麼說。

「跟你在一起我很開心。今天很幸運，還能看到你工作時的樣子。可是我這個人很貪心，如果你可以在跟我相處時更心無旁鶩，我想我會更開心。至少在吃飯時，能不能不打電話（傳訊息）呢？這樣你也能暫時忘掉工作。如果不行也沒關係，我並不想打擾你工作。」

請記得要用「我」當主詞。

另外，「緩衝句」則是說出「我這個人很貪心～」之後，加上「至少在吃飯時～」等主要請求。如果可以，請在後面加上對雙方或者對他有好處的事比如「你也能暫時忘掉工作」。

最後要再次加上緩衝句「如果不行也沒關係」，以表明這並不是「非得做到不可的事」。

一開始因為不習慣，或許會很辛苦，不過說出來卻是意外地有效。對於男性來說，能適度提出自我主張，具備「教養」、「獨立自主」、「品格」，以及「溝通能力」的女性，最符合他們心目中的真命天女。

如果為了讓對方喜歡你，而裝出一副懂事的樣子，對方就會以為你是個

「不抱怨的女人」。所以以後只要你有些怨言或意見，對方就會覺得「怎麼跟交往前不一樣」，而容易成為分手的導火線。

若你總是在忍耐或有所顧慮，「我都已經這麼遷就你……」你心中的不滿也會逐漸累積，於是某天就火山爆發，造成無法收拾的局面。

必須拚命討好，他才會愛你，代表你和這樣的對象原本就沒有緣分，所以不需要當個模範生。

維護自己的品格，並尋求對方的意見。如果有什麼希望對方改進、協助的事，要從一開始就明確提出自我主張。這樣的「任性」方式，可說是新時代女性必備的能力。

# 與其當乾妹妹，不如扮演「大姐姐」

## 不是撒嬌，而是讓他撒嬌

「扮演乾妹妹的角色，就會受異性歡迎」是大錯特錯的想法。男人才沒有那麼好騙。

人與人的關係有階段之分。倘若你們正處於相識階段過渡到戀人階段的時期（也可以說是曖昧期），就要學習可運用於此階段的技巧，加以實際運用。

「會向男人撒嬌的女人」不見得就有異性緣，這就跟小惡魔技巧一樣。

只有當他覺得你「很不錯」，也就是在接受你的前提下，你向他撒嬌他才會高興，而且會更喜歡你。

悲哀的是，如果男性對一個女性沒有意思，情況就會是「煩死了別撒嬌，你自己做」。

在這裡再提一次似乎顯得很囉嗦，但是基本上我們所極力尋求的愛就是「彼此無條件地認同對方的存在與價值」。想要在一開始就抓住他的心，除了給予他廣大的包容與認同之外，別無他法。

當他被你吸引之後，可用「撒嬌」來增添趣味，而「不經意的肢體接觸」也很有效。

一天到晚擔心「這樣做會不會被討厭」、「一定要讓他喜歡我」，代表你的注意力還是放在自己身上。你必須把這些通通忘掉，然後把注意力放在他身上，他自然就會對你感興趣。

因為在這世上並沒有很多人會全心全力地認同自己，大部分的女性與男性都在找尋一個能愛自己的對象。

反過來說，「如果你想被愛，就要先去愛人」。請你徹底做到這一點。

那麼，究竟該怎麼做呢？

**你要做的，是成為一個「能讓他撒嬌的女人」。**

不是當他的乾妹妹，而是要扮演溫柔的母親或姐姐角色。雖說是姐姐的角色，但可不是剛強堅毅的姐姐，是能讓他感覺到女人味，且能夠依靠的姐姐角色。

因此，你在與他的關係中必須始終如一的「體貼」。我要先講明的是，我們所要表達的是「體貼」而非犧牲奉獻。

## 拿掉口語贅詞，塑造溫柔形象

那麼，什麼樣的舉動會讓男性感覺到「體貼」呢？

我會在 LESSON 6 提到遣詞用字的部分，所以這裡就先來談談如何以動作和表情傳達體貼。如果你能在跟他相處時意識到以下重點，他自然就會認定你是個體貼的女性。

當他稱讚你，或者做了什麼讓你開心的事情，這時候，你通常是什麼反應？是害羞地看著下方，或是為了掩飾自己的羞怯而面無表情？

如果是這樣，就白白浪費一個大好機會。以後你要直率地看著他的眼睛一帶，並開心地微笑。

好好地感受他想要稱讚你、想讓你高興的心情，並坦率地表現出你的喜悅之情——這就是「體貼」的女性。

再回想一下，你跟他說話的時候，眼睛是看著哪裡呢？是很不沉穩地東張西望，或者看著他的臉部以外的區域？

你有沒有看著自己手邊說話、看著餐點說話，或是最讓人啞口無言的狀況，邊吃邊說話呢？

雖然不能一直盯著對方看，但是在對話的時候，請你務必要看著對方。

視線可以在他臉部四周慢慢移動，像是描繪菱形一般。如果一直看著對方的眼睛，他也會感受到壓力。

在談話的重要時刻，請看著他的眉心一帶。比起直視他的眼睛，這樣的做法更能溫柔地與他視線交錯。

將眼神投向對方，他就會感受到你是個能對他溫柔以對的女性。

另外，請你要注意自己在談話時使用的連接詞。

「（然後）他就跟我說，（那個什麼）男生（就是）都笨笨的……」

「（所謂的）合作不是嘴巴上說說，他根本沒（做一個）合作（的動作），實在是很討厭（的感覺）。」

許多人常會冒出累贅的連接詞，如果把括弧中的贅詞拿掉，你會發現句子非常通順。這樣的說話方式不僅不悅耳，也沒辦法塑造「溫柔的母親或姐姐」形象，更像是個「笨女人」的角色。

「上個禮拜，我的主管……就是跟平常一樣啊，拖到都快下班，嗯，然後才叫我寫企劃書。」

如果把贅字「就是」、「嗯」、「然後」拿掉，有了語氣的停頓之後，聽起來就會是溫柔的語氣。由於不易以文字表達，請你將這兩種不同的模式念出來，用自己的耳朵進行比較。

「上個禮拜我的主管（停頓）跟平常一樣（停頓）拖到都快下班（停頓）才叫我寫企劃書」

若是觀察電視上以「溫柔漂亮」為特色的女演員，就會發現她們的所有動作都是慢而有停頓的。我想仲間由紀惠和松嶋菜菜子這兩位都是個好例子。

肢體動作以慢為重點，優雅的慢動作看起來就顯得溫柔。

刺激男性想要被溫柔包容的願望。這樣的做法最有效果，是乾妹妹的角色遠遠不能相比的。

# 關懷體貼的基本公式

## 注意釋放三個訊息

為了交到男朋友，我們該做的事只有一件。那就是去注意並關心對方。因此我們向對方釋出「我接納你」的訊息。同時，你還必須讓他相信這項訊息的真實性。

這是因為，當我們感到對方的好感，首先你會確認對方是不是真的有好感，接著會去探測對方對自己怎麼想、對方認為自己是個什麼樣的人。到下一個階段，就會去收集訊息，以了解對方跟自己是否適合。

① **證據（好感是否為真）**

② **評價（對方如何看待自己）**

③ **適合與否（對方跟自己是否合得來）**

收集到這三個訊息，才會開始關心對方是個什麼樣的人、過著什麼樣的生活。換句話說，直到收集到這三個訊息為止，對於你的事情，他只會關心對他而言必要的部分。

除非他認為這三個訊息已收集完整，否則小惡魔技巧無法派上用場。只有當他對你抱持著關心與好感，並率先釋出想追你的訊息時，這些技巧才有用處。到了那個時候，你只要輕鬆享受被追求的感覺，一段時間過後自然就會變成小惡魔。

至於交不到男朋友、不擅長與男性相處的你，只要先敞開心房，持續讓對方看到你對他有所接納的好感與態度，就能順利進展。

若你不擅長與異性相處，從男性的眼中看來，你就像身處於有著高聳城牆保護的城堡之中，四周有著許多士兵圍繞，穿戴著堅固的盔甲。除非你自己卸下盔甲，主動靠近，否則這一切都不會開始。

回到剛剛的話題。我們至今已經釋出許多「我認同並接納你的存在與價值」這類表達好感的訊息，接下來我們要學的，就是最容易讓人理解的「關懷體貼」，讓他收集三個訊息時，能夠順便看到你的「體貼」。

## 觀察、發現、採取行動

若你在餐廳或旅館等處，享受到體貼入微或者比想像中更好的服務，此時，你是不是會覺得很感動呢？你應該會覺得「怎麼這麼了解我」、「如果沒有特別關注我，是做不到這些的」。

以服務而聞名的麗思卡爾頓（Ritz-Carlton）酒店，之所以能夠成功建立品牌形象，就是因為他們把自己與其他旅館做出區隔，賦予服務業中一些理所當然的事重大意義。投宿於麗思卡爾頓酒店時，你會期待什麼？而在期待的背後，又隱藏著哪些渴望呢？

其中應該有著「想確認對方是否真有關注自己」的渴望。所謂的服務（關懷體貼）就是當場滿足對方的需求。如此既能讓對方知道你的好感，同時又能讓對方完成確認，所以是一項很好的技巧。

關懷體貼不是一項才華，也不是一種感覺。只要按照以下重點來磨練技巧，無論誰都能成為關懷體貼達人。麗思卡爾頓酒店的所有員工都是關懷體貼達人。往這個方向思考，你一定能理解。

一開始要依照基本原則確實執行，等到逐漸掌握要領，就能關懷體貼他人，視不同情況而採取不同對策。

**關懷體貼的基本公式是觀察、發現，然後採取行動。**

而觀察的重點有兩項。

**① 他現在不滿意什麼？缺少什麼？**

**② 他現在想要什麼？**

我在LESSON 3中提過，為對方設想並給予關懷體貼的重要概念，是發揮想像力、用行動讓他得到他想要的。不過，可別企圖以關懷體貼來控制他。

比方說，你和他一同用過餐，從店裡走出來時，卻突然下起雨。他好像沒帶傘，你則是帶著一把摺疊傘和一把普通的傘。

那麼你會怎麼做呢？

「下雨了，你有帶傘嗎？」這麼問的小姐，很遺憾，你還要加油。

「我有兩把傘。你要不要拿一把去用？」這樣向對方確認是否要借傘的小姐也很遺憾，還差那麼一點。

體貼入微的小姐會在此時迅速將雨傘打開，並說「這給你用」然後遞給對方，再拿出折疊傘自己撐。

如果問他「你有帶傘嗎？」對方可能回答「有帶」或「沒帶」。若是有帶傘就罷了，沒帶的話，就還需要再一個步驟。而且這樣也不是什麼關懷體貼，不過是「下雨時的應變措施」。

一瞬間看懂他的想法

如果看到他缺少了什麼，不必向他確認，就直接遞給他，即使他不需要也沒關係。你的舉動或許多餘，但並不會被扣分。

我在一開始就提過，除了自己喜歡的女性之外，男性都是以扣分的方式來觀察女性。如果你想表達自己的關懷體貼，卻落得只是一項應變措施，因為不夠體貼而被扣分，那就太可惜。

以前我在公司上班時，有一位體貼入微的同事很受大家歡迎。每當她先下班時發現外面正在下雨，就會發簡訊向還在加班的同事們告知「外面下雨了」。

此外，她在休息時間喝茶不會只倒自己的份。她一定會問大家「有人要喝茶嗎？」把其他人的份也倒好並端過來。

剛好那時我因為完全不會替別人著想而被男友念了一頓，「你別光顧著替自己泡茶，要連我的份也默默端過來才對」，所以當自己感受到她的關懷體貼時，才恍然大悟「原來是這樣」。

男友說：「如果你幫我倒了茶，就算不渴，我也會覺得你很關心我、你是真的喜歡我，然後就會覺得你很可愛」。

所以，我們要去觀察對方缺少什麼、想要什麼，在發現之後，就迅速採取行動。

「這麼做會不會有點多餘呢？有必要嗎？雖然最好要做……」當你埋頭苦思的時候，就會錯過時機，你的苦惱就完全失去意義。

但是，想要靠著關懷體貼來綁住男性並不是個好辦法。不過，視狀況而在適當時機迅速提供他所想要的、所缺少的東西，即使有點多餘，也會帶來加分的效果。

關懷體貼達人可視狀況提供對方缺少或者想要的東西。所謂的關懷體貼就是要當場才有效，也就是說時機非常重要。

為了讓自己更能關懷體貼他人，我們平常可以進行這樣的訓練。

・使用完廁所，或者到別人家中拜訪過後，要在離開前將拖鞋擺好
・看到廁所裡的衛生紙快沒了，就更換新的
・洗完手後，以紙巾擦拭洗手台四周

只要徹底執行，就能培育「對下一位使用者的關懷體貼」，並且很快地學會「如何對喜歡的對象關懷體貼」。

老是將注意力放在自己身上，就無法學會關懷體貼他人。從這些小地方，我們也能體認到自己平常都在關注什麼。

# 你不愛我，我就不愛你？

## 不要被「他是否喜歡我」的想法束縛

很多人都說「自尊心」會妨礙談戀愛，但我認為，真正會造成妨礙的，是把「自己的利益」擺在前面的思考方式。

其實，有自尊心是件好事。

如果沒有自尊心，就等於是向男性釋出訊息「把我當成一條破抹布來對待」，於是就容易發生「欺騙感情」、「人財兩失」，或者「暴力相向」等狀況。

在戀情不順遂的女性當中，有些人覺得「怎麼能讓他知道我喜歡他」、

「我為什麼要對他關懷體貼」、「我為何要配合他的想法」。

你或許會認為這是自尊心作祟，但與其歸咎於自尊心，倒不如說是因為強烈地受到「不想被拒絕」、「想要輕鬆享受被愛」等念頭的影響。

自尊心是來自於「我為何非得先向你低頭」、「你先來愛我」等等，想要感受到優越的需求。自尊心很強的人，自然會有偏好女王大駕光臨型的男性來喜歡她，所以總會找到匹配的對象。

相較之下，在未能確保個人利益的情況下絕不會跨出一步，想著「不想被拒絕」、「希望付出最少的努力就有人愛」等，這類型的人才讓人棘手。

前面提過，對方收集到三個訊息後，才會開始對你感興趣（165頁）。反過來思考，你為了讓對方愛上你，於是反過來提供這三個訊息給他，好讓他儘快被你吸引。

若你只是急著想知道「他到底喜不喜歡我？」其實你還是想確保自己的利益，這樣的做法在以下兩層意義上都是負面的。

第一層意義，如同前文中的說明所示，他注意到你原本的魅力所需的時間會變長。

第二層意義，你本身也要花上更多的時間才能了解他的為人。

心理學的研究顯示，相信「性惡說」的人比相信「性善說」的人更容易被騙。相信「性惡說」的人從一開始就不太相信別人，所以就算聽到「那個人的負面評論」，也會過很久才有反應，因而時常被騙。

乍看之下，相信「性善說」的人認為「大家都是好人」，你以為他們容易被騙，其實正好相反。相信「性善說」的人對「負面評論」的反應很快，很快就能搞清楚對方是否值得信賴，於是就不會被騙。

因此，**如果你認為他似乎對你有好感而花時間去確認，就沒有時間了解他是個什麼樣的人、過著什麼樣的生活，這些原本相當重要的訊息。**

從這一點看來，如果有個人讓你覺得「很不錯」，你要做的事情很簡單，去接近他的世界，並且無條件地認同他的存在與價值，不知不覺你們就會走在一起。

## 告訴對方「我喜歡你」不等於認輸，也沒有損失

想克服自己害怕被「拒絕」的心情需要勇氣。

不過不可思議的是，只要看著「對方」，專注在「對方」身上，就不再會害怕被拒絕。

所謂的專注於對方身上，也就是尊重對方，不管他接受自己、不接受自己，你都會認為他有權做出決定。

若結果是他不接受你，你也不會因此自怨自艾，認為那是因為自己沒有魅力，而能尊重自己也尊重對方。

在我擔任女公關而業績不佳的時期，總是提不起勁去打電話或發送 email 向客人邀約來店消費。每次被拒絕，就覺得自己被否定而愈來愈痛苦。

於是我漸漸地只注意到自己，很少去關懷體貼客人。想要有人同伴、希望提升業績的心完全顯露無遺，在工作上變得自我中心。看到這裡，你是否已經猜到？我完全陷入了惡性循環，工作每況愈下。

直到有一次，某位以言情小說而聞名的作家說了一番話，讓我有恍然大悟的感覺。

「大家都說我很有異性緣，其實沒這回事。我對所有的女性都會出聲招呼。向一百個人招呼，大概只有一個人會回應我。因為對很多人出聲招呼，而有一個人奇蹟般地回應，才讓我看起來似乎很受歡迎。就算被拒絕，跟別人說『你真漂亮』或是『我喜歡你』也是件好事。跟別人說『我喜歡你』有什麼好損失的呢？對方聽了心情愉快，不是很好嗎？這與得失無關。」

「主動去喜歡對方，並持續讓他知道我的好感」，在這個過程中（這並不是真的戀愛，而是我開始在工作上這麼做），我察覺另外一件事。

「你不愛我，我就不愛你」，這種想法其實是以自己利益為優先的「吝嗇的愛」，如果心中總是在斤斤計較，那麼就不會有人愛你。

而我也開始在自己的戀愛中積極採取行動，去做「男友期望的事」。這並不是「因為他替我做了什麼，所以我必須回報」，而是出於我想要為他付出的心，於是男友變得很積極，開始會做一些體貼的舉動。

比方說，我們隔了兩週沒見面，他就會說「我們兩個星期都沒碰面，明天來聚聚吧」；約會快遲到時跟他聯絡，以前他都會不高興，現在則是會溫柔地回覆說「你慢慢來，不管多久我都會等你」。

換句話說，光是期待「有人愛」，而沒有主動出擊，不可能真的為你帶來好的進展。試著「讓自己先敞開心胸」，這樣就能得到你期盼的「被愛的幸福」。

# 癡情女形象大反擊

## 看起來很有異性緣，就真的有異性緣

最後要介紹一個秘訣。只要學會這個秘訣，想要交到男朋友就不再是個問題。

為了學會這項秘訣，你要擺脫「癡情女」的形象。

夜晚的世界可說是男女關係的縮影。我努力要成為一流的女公關，並且記住了三十五條法則。那是日本男公關俱樂部「愛」的愛田社長，在他的著作中針對男公關所提出的三十五條法則。我認為不只是酒店服務業，任何工作上或人生中的重要事項，都濃縮於這些法則當中。

《男公關之王・愛田流天下無敵經營術》（河出書房新社）一書中，有個章節提到「讓自己看起來很有異性緣，別人就會自動幫你宣傳」。

就像大排長龍的拉麵店，自然就會有人潮聚集一樣，看起來很有人氣的女公關自然就能招來許多客人。人潮會引來人潮。雖說如此，但每個人都是從零開始，所以你要讓自己看起來有人氣——也就是演戲——是很重要的。請回想一下第37頁的「小姐的完美劇本」。

這不僅侷限於酒店服務業或餐飲業等生意往來。為了擄獲意中人的心，你要先扮演一個「廣受男性歡迎的女性」。

人是很單純的，**即使自己並不特別覺得對方特別好，但是聽到旁人的評價，或者看到旁人極力討好的樣子，就會自行往好的方向做出解讀**，於是便會產生「她或許很不錯」的錯覺。

## 使自己成為受歡迎的人物

「不想失敗」、「一次就要成功」，愈是有這種想法的癡情女，其實愈容易失敗。如果在交往前就知道對方非常「癡情」，絕不三心二意，男性就會因為太過安心而感覺無趣，還會認為是個「沉重的包袱」。

對我們女性來說，也有一些男性會讓你想發好人卡給他。就算你要找的是一個不會拈花惹草、只是一心一意愛你的人，但是從一開始就有「百分之百保證」的對象，通常無法讓你心生愛意。

因為戀愛就是「讓人心跳不已」的感覺，女性的「癡情」與男性的「嚴肅認真」，都沒辦法發展戀情。

女性的「癡情」會讓她看起來唾手可得，所以無法激發男性的征服欲。不僅如此，男性想到一旦交往，「她一直黏著自己，豈不是很煩」，就會覺得「還是算了」。

即使是「還是算了」的程度，只要他有注意到你，就還算不錯。如果沒人對你獻殷勤，你又沒有什麼好評，你對於男性來說，就等於並不存在。

桃花必修課的第一堂，我就教你要先「習慣有人愛」，這是一切的前提。不要扮演讓人覺得沉重或厭煩的「癡情女」形象，你要扮演的，應該是「極具魅力的女性」。

在職場、打工地點，或者社團活動中，你都要積極地與男性成員交談。結交一些男性會喜歡的女性朋友，讓自己有多一點的時間與男性交流，或者多多關懷體貼朋友，來提升自己在團體中的評價等。一件一件地去做自己做得到的事就足夠。請你讓自己看起來受歡迎。

重點是在於「看起來很受歡迎」。別人對你的評價一旦有些許提升，也就是當人們注意到你的存在，這時就不用再刻意強調。否則做得太過頭，就會變成125頁所說「想要顯示自己交友廣闊、有許多男性友人，反而讓對方退縮不前」，反而被誤解。

養成「讓自己看起來很受歡迎」的習慣，還有其他好處。那就是——你會因為有更多機會受到男性或女性的關注而自動變得漂亮。

很多藝人剛出道時並不起眼，但是在經歷電視、雜誌，以及演藝活動等受到許多人矚目的工作後，就變得愈來愈漂亮。

至於你，也會因為扮演一個受歡迎的人物，而自動變得漂亮。由於意識到他人的眼光，而能察覺許多細節。

為了受他人歡迎而注意自己、提升自己的行為，才是「把注意力放在自己身上」的正確方法。請你讓自己不斷成長。

就算實際上並不受歡迎也無所謂，請你扮演一個受歡迎的人物。編寫一部受歡迎的劇本，並擔任女主角。這麼一來，你會變得更積極，表情也會變得開朗。

為了讓自己交到男朋友，請你擺脫「癡情女」的形象，讓自己「看起來很受歡迎」。

# LESSON 6

## 簡單一句話，登上眞命天女寶座

說對話，成爲他「想要天天在一起的女人」

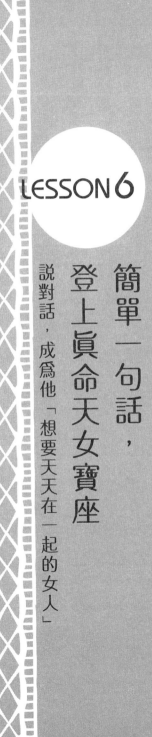

# 任何話題都能駕馭！炒熱氣氛的說話術

## 聆聽「他想說的話」

我們在LESSON 1克服對戀愛的恐懼，培養出「情感能力」；在LESSON 2學到表現自己值得被愛的「表達能力」；在LESSON 3偷窺男性的心理，並提升了自己的「理解能力」；在LESSON 4、LESSON 5學會擄獲男性的「氣氛掌控能力」與「表達能力」。

現在終於來到「桃花必修課」的最後一堂課，在LESSON 6我要來談談如何提升「對話能力」，以加深你和喜歡對象之間的關係。提升「對話能力」並不是為了別人，也能用來幫你找出理想對象。

不擅長戀愛的女性看起來都相當謹慎，卻常忽略一些重要的事情，因為尚未取得相關資訊，就貿然與對方建立戀愛關係，而落得傷心難過的下場。

如果對愛情變得膽怯，對男性感到畏懼，就會在重要時刻忽略掉他的負面資訊。這樣等於本末倒置。

敞開心房接近他、接納他，然後你就會被他所愛，沉浸於戀愛的幸福。也就是說，你要先無條件地認同他，才能贏取他的愛。在這個過程中，你可以藉由溝通默默地觀察他。但請你了解，讓彼此談得投機並不只是為了拉近兩人的距離，也是為了要得到與他有關的資訊，並加以判斷「這個人是否適合我」。

為了讓彼此聊得來，我們該做的事只有一項。就是**在對話中用「他想談的話題」來延續對話**。

不是用你的話題來進行對話，而是利用他想說的話來炒熱對話氣氛。讓我們來學習這項技巧。

假設他說出這麼一段話。

「上個星期天我難得有空，所以就開車到高速公路上兜風。開著車子到處跑是我的舒壓方式。我對輪胎很講究，有時也會配合道路狀況而更換輪胎。上個星期天我就換了適合跑北海岸的輪胎，真是太愉快了，輪胎和道路非常契合，那種感覺該怎麼形容呢？超棒的，就像在跟道路對話一樣。」

聽到汽車和輪胎的話題，你是否開始覺得無聊、沒辦法理解，而且又聽不懂？

這是我與某個男性約會時，讓我一下子就啞口無言的實際對話。就連善於傾聽別人說話的我，對於這個話題也無法理解，幾乎要舉手投降。

不過我要告訴正在閱讀本書的你，對於這類完全不在自己的知識範圍內的對話你不必驚慌。此時有效的做法是「**理解對話的結構**」。就算覺得無聊，也要把注意力放在談話的三要素上，一面掌握對話的結構，一面聆聽。這樣就能找出順著對方思路來持續對話的重點。

## 掌握「談話三要素」，不再當個句點王

人們所說的話都是由以下三要素所構成。

經驗　發生在自己身上的事
行動　做了什麼、沒做什麼
情感　導致某項經驗或行動的情感／由於某項經驗或行動而衍生的情感

我們來分析他所說的話。

經驗「上個星期天我難得有空」
「感覺輪胎與道路非常契合」
「就像在跟道路對話一樣」
行動「開車到高速公路上兜風」
「換了適合北海岸的輪胎」

「開著車子到處跑，以紓解壓力」

情感「真是太愉快了」

「超棒的」

由於實際對話不斷在進行，當你想著「沒興趣」、「聽不懂」的時候，很快就會跟不上他所說的話，甚至還很著急「怎麼辦？我不知道該怎麼回答」而腦中一片空白。

為避免陷入無法回應的窘境，首先要以他的「經驗」、「行動」、「情感」等三要素為主，專心理解對話內容。

專注地聆聽對方所說的話，以掌握三要素的所有內容。接著是要找出他重視什麼。

那麼我要問，你認為他最想談的是什麼呢？

「開著車子到處跑，以紓解壓力」。

「我喜歡開著車子到處跑」。

你的腦海中是不是浮現這些答案呢？這是一般人的聆聽方式。

我們現在要學的是專家級的聆聽方式，所以除了談話的三要素之外，還要去注意某個談話重點，以找出他真正想說的話。

那就是「**反復出現的詞彙**」。

比如前文的對話，第一名是出現四次的「輪胎」，第二名則是出現了三次的「道路」，所以「輪胎」與「道路」比開著車子到處跑還要重要。

如果你能從他的話中，大概推測出「輪胎」與「道路」的關係對他而言很重要，那麼第一階段就算是通過。

此時不要急著想炒熱氣氛。而要一面推測，一面繼續分析。

在這個階段，我們要將他所說的話歸納整理，並做出回覆。向他釋出訊息「我能理解你所說的話」，讓他因為你能理解自己而感到安心。

「為了紓解壓力，你在禮拜天裝上適合北海岸的輪胎，開車去兜風。輪胎與道路彷彿在對話的感覺讓你很愉快！」

將他的經驗、行動、情感，以及談話重點一同歸納整理再回覆。這麼一來，他就會認為「嗯，你能理解到這個程度，而且也對我的話感興趣，那就繼續說下去吧」，因此更有意願談話。

注意聆聽談話三要素和反復出現的詞彙，進行歸納整理。

雖然並沒有特別做什麼，但光是這麼做就能讓他認為你「很會聊天」、「很了解我」而喜歡上你。

# 一個問題拉近距離

## 聽懂談話主題六層次，就能深入話題

想要讓彼此聊得熱絡以接近他的世界，其實很簡單。**一是針對話題深入探討，二是將話題橫向延伸**，採取這兩種做法就萬無一失。

剛才已經學習過「聆聽談話三要素」和「反復出現的詞彙」。這是為了要從對方的話語中（體驗、行動，以及當時的感覺），找出能讓對話橫向延伸的重點，使他想再繼續說下去。

我們已將對話歸納整理、拓展話題，並讓他愉快地與你談話，所以接下來就要針對話題深入探討。

因此，我們要來學學**談話主題的六個層次**。

我們平日的種種思緒都能依照左表的六個層次進行分類。比如，以我對「古典音樂」的想法為例。

對照左表，找出第186頁當中，他的談話重點是屬於哪個層次呢？

他喜歡「輪胎」與「道路」彷彿在對話的感覺，所以有對這方面做深入描述。這麼看來，如果我們針對「環境」深入探討，就能讓對話延續下去。我們可以詢問他某一條道路是跟什麼樣的輪胎契合。

「適合跑北海岸的輪胎是什麼樣的輪胎？那中山高又適合什麼樣的輪胎？」

## 切入「重點」，直接展開攻勢

表格中的六個層次，愈是往下愈能表現出思考的深度。

**若是能將對話導向深層部分，他就愈能感覺到與你之間的契合。**

| 層次 | 內容 | 範例（喜歡古典音樂） |
|---|---|---|
| 環境 | 與時間、地點，以及人有關的想法 | 「利用自己精挑細選的音響設備在家中聆聽」<br>「歌劇方面則偏好於音樂廳鑑賞」 |
| 行動 | 所做的事、所想的事 | 「常去國家音樂廳」<br>「每逢國外交響樂團公演時一定會去欣賞」<br>「時常會去查詢有沒有什麼好的演出」 |
| 能力 | 所擁有的技能、天賦、證照 | 「擁有近一千張CD」<br>「只要聽幾個樂句就知道是哪位小提琴家的作品」<br>「會拉小提琴」 |
| 信念、價值觀 | 行動的根源（為何採取該項行動、重視的是什麼） | 「認真欣賞作曲家所要表達的情感，以及演奏者所表現出的情感」<br>「古典音樂跨越數百年的時空，卻仍為人們帶來感動，所以很喜歡」 |
| 自我意識 | 為自我的存在下定義的使命部分 | 「聽到這些跨越時代流傳下來的音樂，就能實際感受到自己的情感與存在，非常有療癒效果」 |
| 超越個人的部分 | 家庭、社會、共同體、國家、地球，以及宇宙等領域 | 「雖然時代背景、性別、國籍、人種，以及文化各有不同，聽到演奏卻同樣會被感動，真是美好。我們每個人都跟其他人有著連結，而且彼此相互理解。我很高興自己能夠打從心裡這麼想」 |

＊羅伯特．戴爾茲（Robert Dilts）博士所提倡的邏輯層次（Neuro-Logical Level）

因此，我們要從環境層次更進一步，在不偏離他談論重點的情況下，試著問他屬於能力層次的問題。

「輪胎與道路彷彿在對話的感覺，實際上是如何感受到的呢？」

談論「輪胎與道路對話」的感受能力，於是他既能談論「輪胎」，也能提到「道路」。

甚至我們也能深入到信念、價值觀的層次。

「你從什麼時候開始，那麼重視開車時輪胎與道路的契合度呢？」

這麼一問，就能聽到比他開車舒壓更為基本的一些事。

即使對輪胎、車子，或道路一概不通，也能像這樣，利用他想談的重點來延續對話。

順帶一提，因為我希望能夠快速地跟這位男性拉近距離，而提出信念、價值觀層次的問題。

於是他說：「因為車輛種類的不同，道路的磨損方式會有微妙的差異，而柏油路面也會給人不同的感覺。如果一條路上有許多裝載沉重貨物的卡車，柏油路面就會變薄。與道路對話，能了解當地人們的生活。於是我會想，啊，大家都在努力地活著。感受到人們的生活氣息，會覺得好像有哪裡被治癒了。」

而且他還說：「從來沒有人這麼了解我。今天真是愉快，跟你聊天就像是開著車子兜風的感覺。」

想要接近他的世界，不需要博覽群書、兼古通今。什麼都不懂，反而能夠純粹地聆聽、理解他說的話，並利用他想說的重點來延續對話。

請你在談話時意識到談話主題的六個層次，並盡可能地將對話導向深層部分，緊緊抓住他的心。

若你能從他正在談論的層級往下深入探討，這樣就很足夠。相信不管以後遇到什麼樣的話題，你都能輕鬆駕馭。

# 日本第一女公關的聆聽技巧

## 點頭也有技巧

我們已依序完成接近他的世界的準備工作，所以這一堂桃花必修課的內容應該會比較容易理解。然而我在舉辦研討會或進行心理諮商時，卻意外發現有很多人覺得自己不擅長與人對話。

若你無法找出談話的三要素和六個層次，不知道如何是好，我要介紹一項更簡單的技巧，讓你能利用對話來接近他的世界。

這項技巧能把你變得人見人愛、能言善道。

我原本的個性內向怕生、害羞膽怯、安靜不多話。所以我一直在思考，如何在自己「沒說話」的情況下讓對話繼續下去。

我們都希望別人聽自己說話，甚至是透過他人的聆聽，來確認自己的存在價值。

**若依照這樣的原則來考量「利用對話進行交流」這件事，就會知道與其主動說話，不如採取「同意他所說的話」這樣的做法，更能輕易抓住他的心。**

我還想繼續聽下去、我對你所說的話很感興趣、我同意你的看法……。能夠釋出這些訊息的技巧，就是點頭與附和。

首先從最簡單的點頭開始。每個人說話都會有頓點，用標點符號表示就是「逗點」以及「句點」。在談話中，你可以在「逗點」與「句點」的時機點頭，向對方表示「我還想繼續聽下去」。

舉例來說，「因為主要使用車輛種類的不同，（快速點頭）道路的磨損方式會有微妙的差異，（快速點頭）而柏油路面也會給人不同的感覺。（緩慢點頭）」

我們在點頭時並不說話，所以時間點若是抓得好，就能在不妨礙對方說話的情況下，輕易地讓對話變得有節奏感。

對方能夠掌握談話節奏，於是覺得很愉快，能放鬆地侃侃而談。再加上你點頭的動作從視覺上傳達出「我同意」的訊息，「她能理解我所說的話」、「她的看法跟我一樣」、「我是OK的」能立即讓他覺得滿足。

第164頁說過，男性會藉由三項資訊來找「證據」，判斷自己與女方「是否合適」。所以，若你能在談話中讓他感到滿足，就能立刻提升他對你的好感度。雖然你一句話都沒說，只是點頭而已，卻相當有效。

## 以新聞節目為範本

大家都以為點頭很簡單，理所當然地認為自己有做到，然而，就我在研討會和心理諮商中所見，其實許多人根本沒有做到這個技巧。

特別是有些小姐會用「嗯、嗯」來表示自己正在聽，卻被對方問說「你有在聽嗎？」、「是不是沒興趣啊」、「你一副很無聊的樣子」，使對方不斷改變話題，對話於是逐漸失去節奏感，聊天氣氛冷場。所以千萬要多注意。

說實話，在酒店服務業這個對話達人的世界裡，沒把點頭動作做好的人也多得讓人意外。不過，店長或者NO・1等級的女公關當然都能確實做到。

那麼，該注意什麼才能做出一百分的點頭動作呢？

我們要注意的是**點頭的時機與動作大小**。首先要能明確地判斷出「逗號」與「句號」的時機。如果沒有注意聽對方說話，其實很難在正確的時機做出點頭的動作，所以許多人無法做到。

我們可以利用新聞節目來練習。新聞節目主播口條清晰，有抑揚頓挫，所以特別適合用來進行標點符號出現時機的聽力訓練。

其實我們也曾在小學的國語課中學過，「逗號」和「句號」的停頓時間是不同的。「逗號」是一秒，「句號」則是三秒。你可以一邊聽著新聞報導，一邊練習如何掌握時機。

我們在實際對話中並不會有意地去作停頓，所以不容易懂，不過習慣停頓之後，就自然能掌握。

點頭的動作可以替對話帶來節奏感，使得對方聊起來更輕鬆，所以各位小姐一定要學會掌握點頭的時機。

接下來是點頭的幅度。

也許你認為自己有確實做出點頭的動作，但是從對方眼中看來，你只是頭部的些微擺動而已。

因此，請你準備好一面鏡子，然後試著邊聽新聞報導邊點頭。請做出大大的點頭動作，大約是從五十公尺外也能看到的程度。

等你習慣基本的點頭動作，可在點頭時加上「欸」、「喔」、「嗯」等聲音。這就是附和。「逗號」的時間稍短，「句號」的時間則稍長。

發出的聲音隨對話而定，可以有各種版本，你只要練習如何在自己附和時不打斷對方。等你熟練之後，也能加上「然後呢」、「後來怎麼樣了？」更積極地讓對方知道你還想繼續聽。

## 不說話也能給人好印象的理由

即使不說話，也能讓對話持續一兩個小時。這是我在非常難搞的客人陳先生那兒的體驗。

陳先生在對方開口說話時就會很不高興，可是我又必須讓對話繼續下去。

陳先生　「今天有人招待我喝五十萬圓的葡萄酒，雖然我在想，有必要做到這個程度嗎？」

水希　「五十萬圓啊，因為招待的是很重要的對象吧！」

陳先生　「你啊，太失禮了吧！問人家問題的時候，應該要先問清楚能不能問問題。而且你哪裡會懂重不重要？」

看到這裡，你是不是變得不曉得該如何延續對話？其實在我們店裡，無論誰都沒辦法好好地跟陳先生談話。店裡只有我擅長應付難搞的客人，所以總是會被安排到陳先生的座位，要我想辦法與他過招。

於是不知道如何是好的我，決定只用點頭、附和來進行對話。

陳先生　「最近因為景氣不好，雖然公司實際上有賺錢，但如果太招搖就會遭人嫉妒，真是為難。」

水希　（在句尾大大地點個頭）

陳先生　「真是的，明明只要好好做，就會有好結果。真麻煩！」

水希　（在句尾大大地點個頭）

我一直重複同樣的做法，令人驚訝的是，陳先生的心情愈來愈好。就算談話中斷，我也不會主動開口，而只是等著陳先生說話。

最後陳先生變得非常喜歡我，甚至還以陪伴的名義帶我去看棒球比賽。在觀賞比賽或坐車時我也一聲不吭，只是點頭而已。即使是平時寡言的我，連續四、五個小時都只是點著頭，也會開始想要說點什麼。

就在那個時候，我察覺到一件重要的事。那就是「原來我平常會為了掩飾不安的情緒而開口說話」。

你能夠理解這句話的意思嗎？

我一定要讓彼此更熱絡、一定要針對話題深入探討、一定要說出中聽的話……。原來我會不知不覺把注意力放在自己身上，而無法只是純粹地聆聽對方。然後因為說出了一句多餘的話，而妨礙到對話的進行。

能讓我們擺脫「我一定要開口說些什麼」這樣的不安，並很自然地將注意力放在對方身上，這就是「點頭」與「附和」的力量。

希望你能成為點頭達人，緊緊地抓住男人心。

# 讓他不能放下你不管的「示弱法」

## 這樣說比「我喜歡你」更讓他開心

我們已經學會對話能力的基礎，那是滿足人類「想要被認同」這個基本需求的一項技巧。

接下來要介紹的技巧，是如何利用對話來滿足男性特別需要的三項需求（第80頁）。那三項需求就是①**優秀而全能的自己（承認）**、②**能向對方發揮影響力的自己（優越）**、③**能幫助並培育對方的自己（養育）**。

我在前文中提過，「承認」就是無條件地對他加以認同。以不妄加評論的態度傾聽他說話，如果能在自我意識或價值觀的層次上，重點式地給予認同，會很有效果。

「優越」是特意將他的能力、行動、價值觀與他人做比較，並予以讚美。來自於你的讚美當然也有效果。但你也要考量到男人是社會性的動物，所以要從社會的角度來看待他並稱讚他「你好優秀」。

「養育」這個用語不常有機會聽到。這是指男性透過對你的幫助與培育，而能實際感受到自己的存在價值或自己對他人的影響力。就像光源氏將紫之上培育為自己所喜愛的女性並愛著她，這也是出自於男性的「養育」需求。因此，讓他看到你的進步，讓他覺得「你是因為跟我交往才成長為這麼優秀的女性」，是很重要的一件事。你可以跟他商量學習、成長有關的事。隨著你的成長，他也會感到欣喜。

## 滿足三大需求的「以退為進說話術」

如何在對話中滿足這三大需求呢？很簡單。若他對你感興趣而問起你的事情，就採取「以退為進說話術」。

我們總是想展現好的一面，來讓對方喜歡自己。

所以很自然就會說出「我會英文」、「很會打掃」、「興趣是做菜」、「對葡萄酒很有研究」、「在公司擔任主管」、「企劃案大受好評」。因此，談話時請將你的優點設定在八成左右，至於其餘兩成則是要談論自己的缺點、不好的地方。這部分的比例一定要把握好，否則只提到自己有多麼糟糕，反而會讓男性卻步。

所以我們要利用「以退為進說話術」，在談話中提到自己想要設法克服並改善缺點。

在銀座這個地方，如果無法抓住客人——也就是男性的心，就沒辦法做這份工作。想要有效率地掌握男人心，就要編造自己的故事。但這些故事必須是真實的，不能是虛構的。

比方說，當初我因為「憂鬱症」辭掉工作，轉換跑道進入女公關的世界時，就是告訴客人這樣的故事。

「其實我是因為『憂鬱症』而離職。本來應該要在家中靜養，但是一個人待在家裡反而更加不安。我想要接觸人群，所以我在思考什麼工作可以接觸到很多人，就想到女公關這個工作。我現在的目標是治好憂鬱症，並且要成為一個能獨當一面的女公關，變成溝通高手。」

首先向對方明白說出「我得了憂鬱症」。但這樣只會讓對方感到退卻，所以在後半部加上「成為一個能獨當一面的女公關」、「變成溝通高手」等正向積極的目標來均衡一下。這麼一來，客人的感受就會是這樣：

「連這麼私密的事情都肯告訴我，代表我被她接納（承認）。好，為了讓水希能夠一切順利（優越、養育），我就來幫她做點什麼吧（優越、養育）。」

以退為進說話術就是像這樣滿足三大需求。

另外，以下是有異性緣的女性所用的以退為進說話術。

「我是個害羞的人，在公司裡總是沒辦法跟同事閒聊。其實我很想跟大家快快樂樂地聊天。我很想改變自己，所以最近去上溝通課程。我該怎麼做，才能變得跟阿浩你一樣呢？」

「我很容易緊張，不習慣在很多人面前說話。不但聲音會變得很小，而且還會發抖。可是，我很希望能像自己崇拜的學長一樣這麼會演講。我在想，有沒有辦法可以訓練呢？如果學長知道什麼好方法，能不能教教我？」

男性聽到這些話，就忍不住會想要「陪在你身邊幫助你」。

有時你也可以在談話中，提到自己正在努力將缺點轉換成優點。尤其是被男性認為「你就算只有一個人也沒問題」的小姐，可以有意地向對方強調「有些事我自己一個人應付不來」。

具體做法可以是找他討論工作的煩惱，或者向他尋求建議。雖說如此，但可不能「我全都不會」，把整件事丟給對方。「我已經自己想到這個程度，但是正在煩惱接下來該怎麼做」——要以這樣的形式找他商量。

而在日後務必要跟他說「前一陣子跟你討論過的那件事，我照著你的建議去做，結果一切都很順利！謝謝你，幸好有跟你商量。以後有問題還能找你商量嗎？」順便在道謝的過程中滿足三大需求。

另外，我們也可以把失敗的經驗當作以退為進說話術來使用。比如以下的例子。

「上個禮拜我突然被叫去招待客戶。我第一次去那麼高級的餐廳，卻被客戶念說『拿筷子的方式不對』，所以我決定要好好練習如何拿筷子。」

請善用以退為進說話術，讓他「情不自禁想幫助你」。

# 用「好厲害」三個字收服男人心！

## 不要吝於讚美

男人喜歡坦率的女人。不是順從、不是乖巧，也不是可愛。他們喜歡的就是坦率。

你是個坦率的人嗎？坦率與否，不只是會對戀愛帶來影響，還會對人生造成本質的差異。

接下來要談的技巧是「讚美」。坦率與否，會對這項技巧造成極大的影響。如果你是個坦率的女人，給予男性讚美就會是件簡單的事；如果你並不坦率，應該會覺得要讚美別人很困難。

我要介紹的技巧，是利用「好厲害」這三個字，就能滿足男性三大需求中的「承認」與「優越」。只有三個字，所以要稍微花點心思。

在銀座這個地方，客人是為了獲得能力的認同才來到店裡。如果你是個透明人，坐在酒店內的座位上聆聽對話內容，你會發現自己從未如此頻繁地聽到「好厲害」這三個字。就等同於你在一般對話當中，一邊回答「嗯」一邊聽對方說話的次數。

我們的客人光是來到店裡就會被稱讚。好一陣子沒到店裡來的客人一露面，就會是這樣的對話。

客人　「喔！好久不見了。你們都好嗎？今天客人不多啊！」

店長　「（來到店裡這件事）了不起！」

客人　「我只是過來一趟就被稱讚，真開心啊！」

銀座常見的對話方式，就如同以下所示。

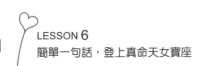

客人「我今天打高爾夫球得到高分唷，而且還贏了呢！」

水希「好厲害～。恭喜你！」

客人「今天狀況很好，可能是因為沒坐高爾夫球車的關係吧！」

水希「欸～好厲害。你是用走的嗎？」

客人「是啊，不然就不算運動了。運動過後來杯啤酒，真是好喝。」

水希「真佩服啊，這麼注重身體健康。」

讀到這裡，如果你心想著為什麼每句話都要加上「了不起」、「好厲害」、「真佩服」等話，那就代表你真的很「不坦率」。

一開始我也很不習慣。在對話中用了這麼多「好厲害」，不就像是在阿諛奉承、拍馬屁一樣？「總覺得是在諂媚巴結似的，感覺很討厭……」這是我剛開始在銀座工作的感想。

直到有一次，店長對我說：「水希你就是不坦率，我們只要坦率地滿足對方的虛榮心，讓他們開心就好。不需要動腦，而是要用心。我們的客人是男性，男性最喜歡坦率的女孩子。我們要做的，就是坦率地討客人歡心。」

這一番話讓我恍然大悟。因為我認為對方所說的話沒什麼大不了、不值得稱讚，所以才會這麼想。說得難聽一點，就是瞧不起對方。

經過這一番省思，我開始試著在對話中用上許多「讚美句」。等我發現自己能將讚美句用得爐火純青，我才感受到自己「能坦率地接納客人或男友的一切」，已經有所成長。

## 用「好厲害」來代替「是喔」

如果不習慣將這些話說出口，就要先多多使用來讓自己習慣。這是第一步。因此，我們可以在附和時加入「好厲害」、「真佩服」等話。

我在前文中提過，光是靠著附和就能帶來認同對方的效果。不說「嗯」、「是喔」而改說「好厲害」、「真佩服」，就能發揮出語言與附和的加乘效果。

如果話題都結束才說「對了，剛剛那件事，你好厲害噢」未免顯得虛偽。

只有當場就說，才能讓他感覺到你是真心稱讚。

如果你能夠自然而然地脫口說出「好厲害」、「真佩服」，那麼你離「坦率女神」就只差一步。男人是社會性的動物，所以我們要從社會的角度來滿足他。

只是說他「好厲害」，男性不免會想「是哪裡厲害」，因此，我們要讓對方知道理由，明白我們並不是在盲目附和他。

**訣竅是「好厲害＋理由」的讚美金句。**

對話的時候，若沒有意識到要稱讚對方，你們的對話就會變成毫無亮點的近況報告。

他「我現在的主管很喜歡葡萄酒。剛開始我沒興趣，但還是有去參加葡萄酒課程。現在我漸漸喜歡上葡萄酒。」

你「是喔，你去上了葡萄酒課啊。」

他「你喜歡葡萄酒嗎？」

然而，若是意識到要去稱讚對方，就會變成這樣的對話。

他「我現在的主管很喜歡葡萄酒。剛開始我沒興趣，但還是有去參加葡萄酒課程。現在我漸漸喜歡上葡萄酒。」

水希「好厲害！你為了要跟部長打好關係，而去上了葡萄酒課？無論是在工作上，還是以一個男人來說，你都很積極耶，太帥了！也教我一點葡萄酒的常識吧！」

他「嗯，我現在工作很快樂。部長的工作能力很強，所以很希望能從他那裡學到一點。或許在跟水希約會時，也能派得上用場呢！」

他覺得自己不但受到認同，而且還被稱讚，一得意起來，更是會想再多說一點自己的事。只要讚美對方，就能用他想說的話來延續對話。

就算沒什麼特別的事，也可以稱讚他。利用他想說的話讓彼此聊得熱絡吧。

## 進階讚美句，觸動他的心

### 人都喜歡受到意想不到的稱讚

「乍看之下很嚴肅，卻是個令人愉快且好相處的人。」
「雖然看起來很難搞，卻是個單純的人。」
「我還以為你是個我行我素的人，結果卻很體貼入微。」

聽到對方這麼說，是不是會讓你覺得「沒想到他這麼了解我」，「如果是這個人，或許就沒問題」，不由得信賴他呢？

平常我們被他人單方面地評斷，會感覺「原本的自己不被認同」、「我明明是這樣的人卻沒人了解」，而多少會受到傷害、覺得孤單。

人是多面向的動物。單單從一個角度就判定對方「嚴肅」、「可怕」、「做事嚴謹」、「柔弱」、「任性」、「溫柔」，或者「冷漠」，是很片面且不公平的做法。

簡單的幾句話之所以能打動人心，恐怕是因為平常身邊不太有人會好好地觀察你的另外一面。

在前面的章節中，我們是根據對方在對話中所談到的事情，找出好的部分加以讚美。若依據談話的六個層次來思考，也就是「環境」、「行動」、「能力」等層次的讚美句。

在這六個層次當中，愈是往下就愈能與人類的深層部分相呼應。我們要從這樣的觀點來學習如何說出魔法金句。

也就是能到達「信念」、「價值觀」、「自我意識」層次的讚美句。

如果能說出這樣的讚美句，會比誇獎十次「好厲害」更能擄獲他的心。這是女神專屬的讚美句。

以下是許多小姐常犯的稱讚錯誤，請你比較並仔細記住。

稱讚外表出色的男性「你好帥喔」、「很有異性緣吧」。
稱讚頭腦很好的男性「你好聰明喔」。
稱讚擅長運動的男性「你很有運動細胞耶」。
這些都是明明是要讚美他卻反而惹對方生氣的常見例子。
為何會發生這樣的問題呢？請將這些讚美與一開始的那幾句話比較一下，並稍作思考。
答案是，因為這些讚美都很平面，只是是直接稱讚自己眼中看到的部分而已。

## 小惡魔的祕密讚美公式

一開始的那幾句話之所以能打動人心，是因為對方看到了與表面（或者說是自卑的部分）完全相反的另一面。
嚴肅的人會希望別人認同自己有著不拘小節的一面；好強不服輸的人，會希望別人能看到自己柔弱的一面。我們要找出與表面所見的相反之處。

沒想到他會發現這一點！**因為意想不到的事而被稱讚，受到對方認同的感覺就會更強烈。**

於是他會開始覺得「只有你關心我」、「我的理想型就是這樣的女性」。

儘管如此，但這些都要仔細觀察才會發現，所以一開始會有點困難。沒關係，我來教你一個不管誰都能說出讚美的秘密公式。

**「雖然看起來（表面的缺點），其實卻（與缺點完全相反的事）呢！」**

「阿明雖然看起來吊兒郎當，其實本人很可靠。」

「小佑雖然看起來無所事事，卻是個認真的人耶！」

「翔哥雖然看起來很脆弱，但內心卻很堅強呢！」

對外表出色的男性說：「跟你聊這麼深入的話題，真的讓我學到不少。」

對頭腦很好的男性說：「你連玩都玩得這麼有創意，真是令人佩服。」

對擅長運動的男性說：「你連藝術方面也很懂耶！」（從文化面來讚美）

被稱為小惡魔的女性，只是很自然地使用這個公式而已。

其實沒有你想像中困難吧？靠著這套公式，你可以變身為比小惡魔更勝一籌的「女神」。

# 營造情境，讓戀情萌芽

## 讓他不知不覺愛上你

當他開始熱切地說話的時候，就是戀愛的好機會。因為男性跟自己喜歡的女性說話，就會變得滔滔不絕。

那麼，如果他不太跟自己說話，是不是就只能放棄呢？這也不一定。墜入愛河與否，是情感上幾乎沒有根據的錯覺，所以我們只要在對話中讓他以為自己墜入愛河就可以。

也就是說，我們要讓他滔滔不絕地跟你說話。

當他滔滔不絕地說話，就會在無意中想到「我跟她說這麼多話，一定是喜歡上她」，因而心生愛意，想要跟你在一起。

前面所講的所有對話技巧，部分原因就是為了讓他對你滔滔不絕。然而以男性來說，有很多人都不善於表達，所以接下來要介紹，讓沉默寡言的男性也能侃侃而談的技巧。

其實我不太會聊天，所以一直在思考「如何在自己不講話的情況下讓客人滔滔不絕」。我擅長應付話多的客人，但是，一旦遇到沉默寡言的客人，說起話來就會有一搭沒一搭，時常覺得氣氛尷尬。有一陣子我一直在煩惱該如何讓惜字如金的客人開口說話。

認同對方、滿足對方所想要的，這是與對方建立良好關係的基礎。那麼，如果想讓惜字如金的人開口說話，該滿足他的什麼需求呢？

## 如何讓沉默寡言的他侃侃而談

有一次，沉默寡言的客人范先生以同伴的名義帶我出門。平時我們兩人總是相對無語，那要怎麼樣在酒店以外的地方聊天呢？我懷著沉重的心情赴約。

范先生所挑選的餐廳是以葡萄酒種類繁多聞名。我們兩人就像平常一樣有一搭沒一搭地談著話，在不怎麼熱絡的氣氛下開始用餐。當時我正想著機會難得，來喝點葡萄酒。此時范先生忽然有了令人驚訝的轉變。

范先生　「你喜歡哪一種葡萄酒呢？」

水希　「我不太知道品牌，但偏好酒體厚重的。」

范先生　「這樣啊，其實我對葡萄酒相當有研究，要不要交給我來選呢？」

水希　「當然沒問題，真開心！」

范先生　「葡萄酒要能搭配接下來的料理才好呢，嗯，像是○○啦……」

於是范先生滔滔不絕地說著料理與葡萄酒是否搭配，而我只有說「喔～」的份。口若懸河的范先生讓我連點頭的時間都沒有。

直到用完餐為止的兩個小時都是范先生的演講時間。用過餐後，范先生在返回酒店的路上說「哎呀，雖然以前就覺得跟水希很合得來，但沒想到自己能說這麼多話。跟你相處真的很愉快呢」。我用微笑代替回答。

讓沉默寡言的男性也能侃侃而談的是「優越」這項需求。

沉默寡言的男性，也會希望自己的能力受到認同。而且這類型的男性較有專精於某個領域的傾向。因為興趣範圍狹窄，能談的話題就有限。無法適時說出一句漂亮話，能談的話題又很少，最後就變得沉默寡言。

相反地，如果像范先生這樣**碰到他所專精的領域，就會變得滔滔不絕**，或者該說是不能不說。

在這之後，我不論於公於私，都採取「儘快讓男性打開話匣子」的做法。以我的情況來說，並不是為了讓對方喜歡我，而是因為自己不會說話，所以乾脆讓對方說。無論對方是話多還是話少，我都能讓他們愉快地談話，在對話中獲得滿足。

不過，該怎麼找出對方所專精的領域呢？

如果不知道他的內心世界，就從他所持有的物品或興趣等外表可見的部分來著手。以男性來說，很多人都會對自己所持有的手錶、鞋子、手提包、車子、機械類等頗有研究。「那個手錶很漂亮耶，似乎與一般的 G-SHOCK 不同。」

倘若對他的內心世界有一定程度的了解，例如對方喜歡棒球，就跟他聊棒球；對方喜歡足球，就跟他聊足球；對方是個工作狂，就跟他談工作；對方精通歷史，就跟他聊歷史。找出他平時忍不住就要提的事來讓他說。

你或許會想，自己找得到他想談的事嗎？到目前為止，我們已經學會將注意力放在他身上的傾聽技巧，所以一定能找到。

找出他所專精的領域，讓他對你心生愛意，你離桃花爆表、成為女神的路又更進一步！

# 聰明的女人會隱藏自己的「聰明」

## 不要自己主動說「我知道」

男人是自尊心很強的動物。刺激他的自尊心，並滿足他的三大需求，他就再也離不開你。

在銀座這個地方，客人之所以會上門，是為了讓自己身為男人的自尊心能夠迅速獲得滿足，所以女公關絕對不能比客人還要聰明博學。

銀座的女公關之所以要瀏覽所有的報紙版面、閱讀週刊雜誌，並熟讀英文會話，並不是為了展示自己知性的一面，而是為了要刺激客人的自尊心。

比方說，如果不知道目前的日本首相是「安倍晉三」，當客人說出「我今天和安倍先生聚餐」的時候，就沒辦法回應。完全忽略了客人強調的「我可是能和當今的總理大臣一同用餐的人物」。

這麼一來，別說是滿足虛榮心了，甚至還會傷害到對方的自尊心。但若是知道，你就能立刻回應，「好厲害！你和安倍先生一起吃飯啊？」

我舉這個簡單的例子，是為了讓讀者容易理解。如果腦中沒有知識，即使想滿足他的三大需求，也無法做到。一流的女公關認真學習，是為了向客人展現敬意，也就是為了滿足三大需求。

**男人心目中的「女神」，並非是直接表現出聰明的一面，而是利用自己的聰明來向男性展現敬意。**

強調自己是以最小的年紀取得MBA學位或畢業於東大，或許男方會稱讚你「頭腦真好」，但是在戀愛方面，這卻是相當不討人喜歡的做法。

請把你的聰明用來向男性展現敬意。所以，我們要適時地「假裝不知道」。

## 後退一步來引導

我曾是個業績不好的女公關、不被男性視為戀愛對象，在那個時期，我就經常在對話中賣弄自己的知識。

當時店長一再提醒我「如果客人說你很聰明，就等於是討厭你」，但是我仍然我行我素。直到我在心理諮商的課堂上學到「後退一步來引導」的態度，才突然恍然大悟。

在心理諮商的過程中，心理諮商師所扮演的角色並非是解答者，而是從後方加以引導，讓不知如何是好的個案自己說出答案。

心理諮商師是解決問題的專家，所以一聽到個案的諮商內容，就馬上知道該朝哪個方向去解決問題。然而我不能直接告訴個案解決方法，因為人類只有在自己的嘴巴這麼說、自己的腦中這麼想的時候，才會採取行動。實際上，即使我們在個案尋求建議時給予建議，對方真的會去做的機率幾乎為零。

唯有當個案從自己的口中說出我們想向他建議的內容，他才會採取行動。

因此，心理諮商師並非將專業知識擺在前方來引導個案，而是向後退一步來引導。

至於戀愛方面，請留意以下對話。

他「今後是孟加拉的時代。由於中國的薪資水準不斷提高，許多企業都已經陸續將工廠轉移。而且印度的工資也提高了許多。」

你「欸～我還以為下一個是印度呢！」

他「就是啊。有在國外設廠的企業都已經開始注意孟加拉。這你不知道吧？」

如果從他口中聽到「這你不知道吧？」代表你成功了。

我想你已經發現，聰明的小姐會從對方所提供的資訊（中國的薪資水準提升）中，答出「我還以為下一個是印度呢」。而不會說：「這個我也我知道，孟加拉的投資環境有在上升」。

請你讓對方說出「這你不知道吧？」立即滿足他的三大需求。

向後退一步來引導，甚至還能讓你符合「女神的十大條件」（第88頁）中的「聰明賢慧、有品格、有教養」、「理智」、「具備可愛之處」、「有自己的世界」這四個項目。

請記住，男人所愛的聰明女人，是重視男人的自尊心的女人。

# 拒絕當「一開口就破壞形象」的人

## 沒有重點的對話，會讓熱情冷卻

男人是社會性的動物。接下來我們要為了這樣的他，留意在對話裡加上一點社會性。

我在前文中所提到的都是聆聽他說話的技巧，而在最後則是要來談談你在表達時的技巧。

你是否聽過男性這麼說呢？

「那個女藝人（模特兒）只要不開口，就是個好女人。」

若是一開口，形象就馬上幻滅，那麼不管你再如何懂得傾聽，也是枉然。

另一方面，女性大多會感嘆「他都不聽我說話」、「他對我所說的話似乎不感興趣」。

只要花點心思改變說話方式，不僅能讓男性願意聽你說，更能讓他保持興趣，專心聽到最後，甚至還會認同你是個好女人。所以就讓我們來學習談話技巧，成為「讓人想聽她說話」的溝通女神。

男人是社會性的動物，所以無論是說話方式或聆聽方式——也就是嘴巴和耳朵，都是商業規格。你若是想接近他的世界，在他面前就要用接近商業規格的方式來說話。

「不開口就是個好女人」、「聽不下去她說話」，這類人的說話方式大概是這樣的感覺。

女「最近我好鬱卒。常常下雨，又忙得不得了。對了，前陣子電視上說現在憂鬱的人很多呢。想想也是啊，不知道前途在哪，而且就算是大公司也沒有絕對的保障。真沒意思啊，我也不是不想去上班，只是前陣子犯了個不該犯的錯，然後……」

像這樣寫成文字之後，你是不是覺得「她到底想說什麼」？

這是我在咖啡店裡實際聽到的談話內容，來自於隔壁桌的情侶。因為有點好奇，我就稍微看了一下。男方從「前陣子電視上說～」的時候就失去興趣，開始用吸管將冰咖啡吸到一半再放掉。直到她的話告一段落為止，他都一直低頭看著下方。

很多女性都會有「沒完沒了地說著沒有重點的話」這種傾向。即使談話的內容有重點，也有很多人會嘮嘮叨叨長篇大論，才終於講出重點。

男性難以忍受沒有重點的談話內容。也許你在工作上能夠好好表達，但是在進行日常對話時，就會鬆懈下來，而像前文中的女性那樣說話。

我也會一個不小心就把過程講得很冗長，到最後也沒說出結論，所以常會讓男朋友沒辦法專心聽完我的話。

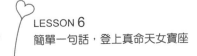

## 「溝通女神」都是有邏輯性地說話

你的說話方式沒問題嗎？請試著回答以下題目。

「你為何會選擇目前的工作呢？」

那麼，請找出自己的類型。

**類型①**「因為我對服務業有興趣。原因是～」

**類型②**「其實我這個人內向怕生又不夠體貼，所以一直有自卑感。因為想克服這些缺點，我一開始想做的是能夠接觸到人群的工作。有了這個想法之後，因為家父在工作的關係～」

如果你是類型①，只要用你原來的方式說話就可以了。你是個「讓人想聽她說話」的溝通女神。請放心。

如果你是類型②，那麼當你在跟他說話時，請記得要運用PREP法。所謂的PREP法，是一種使用於商業的邏輯性說話術，名稱來自於以下幾個字的第一個字母。

**Point　重點、結論**

**Reason　理由**

**Example　具體例子、實例**

**Point　重提一次重點與結論**

若是將前文中的女性所說的話以PREP法彙整一下，就會是這樣。

・最近我一想到要上班就很鬱卒

・因為我被主管罵

・我犯了幾個不該犯的錯

・最近我一想到要上班就很鬱卒

在一般對話中可以不要重複一次最後的point（重提一次結論）。

「最近我一想到要上班就很鬱卒。其實我被主管罵了一頓，因為自己犯了幾個不該犯的錯。」

如果你這樣說，男方就能好好地聽完你的話。不僅是聆聽，他還知道你發生了什麼事，能理解你的心情，甚至會給你建議，希望幫你解決目前的困境。

把注意力放在他身上，並不是只有聆聽或接納等被動的態度就好。

我們要更進一步、徹底地將注意力放在他身上，而這也包括在自己說話時，留意讓聽話的一方容易理解。

男性是照著PREP法有邏輯性地說話。男女之間就是透過這些小事情來加深比此的理解。

是不是很簡單？請一定要運用PREP法成為「溝通女神」。

# 後記　永遠戀愛ＩＮＧ

謝謝你閱讀本書。

我希望你能有許多美好的戀愛經驗，並嘗到戀愛的甜蜜滋味，所以也許說得有些冗長。

「我想跟大家說不要放棄，因為我改變了。即使處於絕望中，只要還活著，總會有辦法解決。人生可以如自己所願，塚越小姐！沒想到自己會說這樣的話（笑）。」

這是一位個案對我說的話。她也跟你一樣，一開始認為「我能改變嗎」、「我絕對做不到」，最後卻成功地變成自己想要的樣子。她受憂鬱症所苦、因為害怕失敗而不敢採取行動，並陷入絕望中長達四年。然而現在她決定要再次挑戰自己的夢想，並勇敢向前邁進。

我也曾經度過充滿絕望的七年，彷彿行屍走肉一般。如果死了會有多輕鬆，我曾經自殺未遂，反復做出許多自暴自棄的行為。即使如此，我還是沒有完全放棄自己，而在錯誤中不斷摸索。結果現在不但在女公關這個工作上獲得成功，也以心理諮商師的身分自行開業。出了幾本書，跟心愛的對象一同沉浸於幸福中。不斷重新描繪理想中的自己，對於人生充滿了期待。

在那充滿絕望的七年期間，有誰會想到現在的我是這個樣子呢？這世上是有奇蹟的。

所以你也沒問題。就算覺得自己無論戀愛或工作都不順遂，只要你不放棄，戀愛和工作一定都能如你所願。

一起來創造「被世界上獨一無二的那個他所愛」的奇蹟。如果「期待、雀躍，並充滿樂趣」地度過每一天，那麼不知從何時起，你就已經待在最愛的他身邊「期待、雀躍，並充滿樂趣」地過生活。這樣的奇蹟是會發生的。

我雖然說了這麼多，但最重要的是最後這句話。

小姐們！戀愛是用心去談的，只要你的心中滿懷期待，就沒問題！

最後我要藉這個機會表達心中的謝意。感謝編輯知里小姐讓我有機會寫本書，並提供我許多靈感。另外，也要感謝許多男性友人的協助，讓我理解男性的真正想法。

這本書是靠著許多人的協助才完成，所以我相信，這本書一定能讓「小姐變女神」，替你帶來所期望的幸福。

水希

國家圖書館出版品預行編目（CIP）資料

小姐變女神：銀座 NO.1 女公關桃花必修課,四分鐘抓住喜歡的男生 / 水希作；殷婕芳譯. -- 初版. -- 新北市：智富, 2015.1

面；　公分. -- (風向；85)

ISBN 978-986-6151-76-7(平裝)

1.成人心理學 2.男性 3.兩性關係

173.32　　103022090

風向 85

# 小姐變女神：
## 銀座 NO.1 女公關桃花必修課，四分鐘抓住喜歡的男生

作　　者／水希
譯　　者／殷婕芳
主　　編／陳文君
責任編輯／李芸
封面製作／劉凱亨
出 版 者／智富出版有限公司
發 行 人／簡玉珊
地　　址／（231）新北市新店區民生路 19 號 5 樓
電　　話／（02）2218-3277
傳　　真／（02）2218-3239（訂書專線）・（02）2218-7539
劃撥帳號／19816716
戶　　名／智富出版有限公司　單次郵購總金額未滿 500 元（含），請加 50 元掛號費
世茂網站／www.coolbooks.com.tw
排版製版／辰皓國際出版製作有限公司
印　　刷／祥新印刷股份有限公司
初版一刷／2015 年 1 月
　　三刷／2019 年 8 月

I S B N／978-986-6151-76-7
定　　價／260 元